Escrever sem escrever

Reitor
Pe. Josafá Carlos de Siqueira SJ

Vice-Reitor
Pe. Álvaro Mendonça Pimentel SJ

Vice-Reitor para Assuntos Acadêmicos
Prof. José Ricardo Bergmann

Vice-Reitor para Assuntos Administrativos
Prof. Luiz Carlos Scavarda do Carmo

Vice-Reitor para Assuntos Comunitários
Prof. Augusto Luiz Duarte Lopes Sampaio

Vice-Reitor para Assuntos de Desenvolvimento
Prof. Sergio Bruni

Decanos
Prof. Júlio Cesar Valladão Diniz (CTCH)
Prof. Luiz Roberto A. Cunha (CCS)
Prof. Luiz Alencar Reis da Silva Mello (CTC)
Prof. Hilton Augusto Koch (CCBS)

Menção Honrosa no Prêmio Casa de las Américas 2020

Escrever sem escrever

literatura e apropriação no século XXI

Leonardo Villa-Forte

© Leonardo Villa-Forte, 2019

© **Editora PUC-Rio**
Rua Marquês de S. Vicente, 225, casa Editora PUC-Rio
Rio de Janeiro, RJ – 22451-900
Tel.: (21) 3527-1760/1838
www.puc-rio.br/editorapucrio | edpucrio@puc-rio.br

Conselho gestor: Augusto Sampaio, Danilo Marcondes, Felipe Gomberg, Hilton Augusto Koch, José Ricardo Bergmann, Júlio Diniz, Luiz Alencar Reis da Silva Mello, Luiz Roberto Cunha e Sergio Bruni

© **Relicário Edições**
Rua Machado, 155, casa 2, Colégio Batista
Belo Horizonte, MG – 31110-080
www.relicarioedicoes.com | contato@relicarioedicoes.com

Coordenação editorial: Maíra Nassif
Conselho editorial: Eduardo Horta Nassif Veras (UFTM), Ernani Chaves (UFPA), Guilherme Paoliello (UFOP), Gustavo Silveira Ribeiro (UFMG), Luiz Rohden (Unisinos), Marco Aurélio Werle (USP), Markus Schäffauer (Universität Hamburg), Patrícia Lavelle (PUC-RIO), Pedro Süssekind (UFF), Ricardo Barbosa (Uerj), Romero Freitas (UFOP),Virginia Figueiredo (UFMG)

Preparação de originais: Ivone Teixeira
Revisão tipográfica: Cristina da Costa Pereira
Projeto gráfico de miolo: Flávia da Matta Design
Fotos Pré-histórias 2 e Delírio de damasco (Veronica Stigger): Eduardo Sterzi
Foto Tree of Codes (Jonathan Safran Foer): Visual Editions. Designer: Sara de Bondt
Foto Leonardo Villa-Forte: Ilana Bessler
Projeto gráfico de capa: Ana C. Bahia

A pesquisa que deu origem a este livro foi selecionada pelo Departamento de Letras da PUC-Rio para concorrer ao Prêmio Dirce Cortês Riedel para Dissertações e Teses da Associação Brasileira de Literatura Comparada em 2017.

Dados Internacionais de Catalogação na Publicação (CIP)

Villa-Forte, Leonardo

    Escrever sem escrever : literatura e apropriação no século XXI / Leonardo Villa-Forte. – Rio de Janeiro : Ed. PUC-Rio ; Belo Horizonte, MG : Relicário, 2019.

    224 p. : il. ; 21 cm
    Inclui bibliografia
    ISBN (PUC-Rio): 978-85-8006-265-6
    ISBN (Relicário): 978-85-66786-87-3

    1. Autoria. 2. Escrita. 3. Literatura moderna – Séc. XXI. I. Título.

CDD: 808.02

Elaborado por Lizandra Toscano dos Santos – CRB-7/6915
Divisão de Bibliotecas e Documentação – PUC-Rio

DEDICO ESTE
ENSAIO À
CAPACIDADE
DA LITERATURA
DE SE COLOCAR
EM PERIGO
E DUVIDAR
DE SI MESMA.

SUMÁRIO

PREFÁCIO 9
VERA LÚCIA FOLLAIN DE FIGUEIREDO

INSERÇÃO 17

O ESTADO DOS TEXTOS 39
RECONFIGURAÇÕES 64

O AUTOR-CURADOR 83
NOMENCLATURA 86
DISTÂNCIA E PROXIMIDADE 92
TECNOLOGIA 101
USUÁRIO-INTERFACE/ARTISTA-PROGRAMAÇÃO 106
ESCRITA, MATÉRIA, SENTIDOS EM PROFUSÃO 123
ITINERÁRIO, COMPOSIÇÃO E REDE 133

NÃO ESCREVER, UMA PRÁTICA ARTÍSTICA 149
ESCRITA CONCEITUAL E A OBRA DE KENNETH GOLDSMITH 167

FLUTUAÇÃO 197

REFERÊNCIAS 213

AGRADECIMENTOS 221

SOBRE O AUTOR 223

PREFÁCIO

> Costurar para conferir um sentido ao percurso. Difícil dizer o que mobiliza mais: a paixão pelo sentido ou o próprio jogo do fazer, o trabalho em processo.
>
> Leonardo Villa-Forte

Mudanças ocorridas na percepção do espaço e do tempo a partir da segunda metade do século passado não deixaram incólume o campo da arte. A compressão do tempo num eterno aqui e agora tornou o futuro uma categoria obsoleta e fez do passado – a dimensão temporal de que as narrativas se alimentam – um arquivo cujos dados são incorporados ao presente, reciclados, através de diferentes processos de mixagem.

Ninguém prenunciou mais esta atmosfera e as mudanças que ela imprimiria à literatura do que Jorge Luis Borges. Assim, já em 1941, o escritor argentino, no Prólogo a "O jardim de veredas que se bifurcam", afirmava:

> Desvario trabalhoso e empobrecedor o de compor vastos livros; o de espraiar em quinhentas páginas uma ideia cuja perfeita exposição oral cabe em poucos minutos. Melhor procedimento é simular que esses livros já existem e propor um resumo, um comentário.

Ao optar pelo comentário, Borges debruçou-se também sobre livros que de fato foram escritos, diluindo as fronteiras entre ler e criar. Afirmava, assim, a leitura como apropriação, cuja síntese perfeita estaria na proposta de reescritura de *Dom Quixote*, de Cervantes, pelo personagem Pierre Menard, no conto "Pierre Menard, autor de Quixote". Tal concepção descentrada do processo criativo, abalando dicotomias rígidas, ajustava-se bem à posição ocupada pelos escritores latino-americanos, leitores da tradição literária europeia, mas situados às margens da cultura ocidental.

A alusão à relação entre escritura e leitura estabelecida por Borges nos permite dimensionar mais adequadamente a importância do trabalho realizado por Leonardo Villa-Forte, não só como teórico, mas também como criador. Permite compreender de onde vêm a vitalidade de seu pensamento e a originalidade das ideias expostas no livro que o leitor tem em mãos, que dialoga com a vertente norte-americana da chamada escrita não criativa, de Kenneth Goldsmith, mas, ao refletir sobre a literatura na era digital, não perde de vista o lugar a partir do qual a contempla. Lugar que confere um sentido ainda mais amplo à pergunta do autor sobre como construir uma identidade para si se suas ferramentas são as vozes dos outros.

Assinalando que os procedimentos de apropriação de materiais preexistentes não são um fenômeno novo no campo da arte, nem tampouco ocorrem exclusivamente na literatura, *Escrever sem escrever: literatura e apropriação no século XXI* insere historicamente essas práticas para chegar à análise dos matizes que assumem na era da cultura digital, quando as ferramentas e mecanismos disponibilizados por computadores facilitam e estimulam o deslocamento de conteúdos de arquivo de um suporte para outro, assim como viabilizam alterações, à escolha de cada usuário, neste mesmo conteúdo. Somos, então, lembrados de que a reutilização e o reaproveitamento têm sido não só uma característica das artes contemporâneas como uma das maiores forças determinantes de nossa sociedade industrial-tecnológica.

Diante desse quadro, o autor parte de indagações, ainda pouco presentes nos estudos da área de letras, mas de extrema importância para se pensar a produção literária hoje: considerando o rumo tomado por outras artes como, por exemplo, a música eletrônica e suas técnicas de sampleamento, como a literatura se apresenta no contexto de expansão das chamadas práticas de pós-produção? De que maneira escritores têm trabalhado com a cultura de apropriação, levando em conta que, no campo da literatura, valores como a originalidade e a expressão autoral individual foram sempre tão marcantes? Que aproximações podemos fazer entre a estética do recorte e da colagem de vanguardas como o dadaísmo e o surrealismo, ou outras mais recentes como a chamada neovanguarda dos anos 1960, e as práticas coevas de pós-produção na literatura? Em que medida as citações correspondem, no texto literário, ao que o *sample* constitui na música? A partir de tais interrogações, Leonardo Villa-Forte problematiza o descentramento da autoria gerado pelo gesto de deslocar fragmentos de um texto original para inseri-los em outros contextos, apagando sua origem, e oferece ao leitor uma instigante reflexão sobre as desestabilizações provocadas pela prática da escritura como deslocamento ou montagem de outros objetos culturais. Leonardo considera que, no campo literário, pode parecer estranho associar um nome de autor a um texto que não se fez do próprio punho daquele que reivindica a autoria. Já em outras artes, nas quais o deslocamento e a montagem são mais explícitos que na literatura, essa autoria é mais facilmente aceita. Então ele lembra o destaque que a montagem adquiriu no audiovisual, a importância que Eisenstein lhe conferiu, no que diz respeito ao cinema. Aliás, um dos grandes méritos de Leonardo, neste livro, é a capacidade de deslizar entre os diversos campos artísticos e, consequentemente, a perspectiva transdisciplinar que adota.

Escrever sem escrever: literatura e apropriação no século XXI aborda, assim, questões fundamentais suscitadas pela arte na contemporaneidade, dentre elas, a da relação entre valor estético e originalidade. Passando pelos *ready-mades* dos pintores da vanguarda, como Pablo Picasso e Georges Braque, Leonardo chega ao "Manifesto da literatura sampler", de Frederico Coelho e Mauro Gaspar, publicado no jornal *Plástico Bolha*, ao livro *Day*, de Kenneth Goldsmith, e à sua própria série de colagens *MixLit*, discutindo a noção de originalidade e temas como os direitos do autor. Em consonância com o pensamento de Borges, ao qual nos referimos no início desta apresentação, observa: "O que as práticas de apropriação operam como diferença é justamente a mudança da leitura como autoria 'implícita' para uma autoria 'explícita.'"

O autor se debruça, então, sobre obras de apropriação que se utilizam de diferentes tipos de fontes, lançando mão de textos literários, mas também de textos não literários, como o discurso alheio comum (discursos na internet, discursos orais múltiplos ouvidos na rua), e discursos radiofônicos.

Num momento em que historiadores da arte, como, por exemplo, Hal Foster, referem-se ao surgimento de um "impulso arquivístico" que teria se apoderado do mundo das práticas artísticas, enfatizando a consolidação, na atualidade, de uma "cultura de arquivo", *Escrever sem escrever* nos convida a refletir não só sobre o caráter estético desse movimento de retomadas, reinterpretações, reutilizações de textos, mas também sobre seu caráter ético e político. As análises realizadas por Leonardo Villa-Forte destacam os arquivos como fontes fundamentais para a criação, mas não deixam de problematizar a lógica de arquivo como valor absoluto. Para nós latino-americanos, muitas vezes acusados de copiar modelos vindos do centro, de não atingir a tão almejada originalidade, o livro tem a vantagem adicional de chamar a atenção para o fato de que o gesto de armazenamento, de reprocessamento e de montagem de materiais preexistentes, tão constitutivo das culturas periféricas, tornou-se emblemático na arte contemporânea, matriz da figuração da temporalidade.

Vera Lúcia Follain de Figueiredo
Professora dos Departamentos de Letras e
de Comunicação Social da PUC-Rio

L

TODOS OS NOVOS ESPORTES –
SURFE, WINDSURFE,
ASA-DELTA – SÃO DO TIPO:
INSERÇÃO NUMA ONDA
PREEXISTENTE. JÁ NÃO É UMA
ORIGEM ENQUANTO PONTO DE
PARTIDA, MAS UMA MANEIRA
DE COLOCAÇÃO EM ÓRBITA.
O FUNDAMENTAL É COMO
SE FAZER ACEITAR PELO
MOVIMENTO DE UMA GRANDE
VAGA, DE UMA COLUNA
DE AR ASCENDENTE, "CHEGAR
ENTRE" EM VEZ DE SER ORIGEM
DE UM ESFORÇO.

GILLES DELEUZE, CONVERSAÇÕES

L

INSERÇÃO

Em meados de 2013, subi a serra fluminense em direção a Teresópolis a fim de participar de um festival de arte, cultura e literatura onde iria mostrar um trabalho chamado *Mensagens*. Depois de um par de horas, tudo estava montado e, no dia seguinte, fiquei no centro cultural esperando alguém aparecer. Lembro bem de um menino de não mais de doze anos parado diante do trabalho. Eu me aproximei dele e lhe contei o que eram aquelas duas pilhas de folhas, em cima de uma mesa. *Mensagens* é composto de dois escaninhos de acrílico transparente com mais de cem folhas empilhadas em cada um. Na folha mais acima da pilha do lado esquerdo, lê-se "Entrada", e naquela mais acima da pilha do lado direto, "Saída". São impressões de todas as mensagens SMS que recebi e enviei durante o ano de 2012 até o início de 2013, período em que tive meu último telefone celular daqueles anteriores à era dos smartphones. Não me recordo de sua reação naquele momento, mas o menino voltou na tarde seguinte, quando eu ainda estava lá, e dessa vez ele trazia um amigo puxado pelo braço. Os dois pararam em frente ao *Mensagens*. Aquele que viera no dia anterior passou a mão nas folhas e disse: "Viu? Eu não estava mentindo, ele realmente fez *isso*."

Espanto e divertimento se misturaram no rosto do amigo do menino. Eu poderia lhe dizer naquele instante a consagrada frase de Lavoisier, mas fiquei quieto enquanto recordava que os estados de espanto e divertimento me acompanham desde quando comecei a praticar, estudar e pensar em literatura e apropriação no século XXI. Se escrevo sobre isso agora, de certa forma, é porque resolvi tentar produzir algum nível de compreensão e contextualização daquilo que me levou a esses estados.

"Nada se cria, tudo se transforma." O pai da química moderna, Antoine Lavoisier, cunhou no século XVII aquela que se tornaria uma das citações mais utilizadas na história recente. A citação, todavia, é resultado de uma alteração – fruto de uma edição, resultado de um apagamento – da frase original que teria pronunciado o francês, qual seja: "Na natureza, nada se cria, nada se perde, tudo se transforma." Tradicionalmente, o conceito de natureza é pensado como aquilo que não foi produzido pelo homem, enquanto cultura seria o seu oposto, porém nesse caso a substituição de um termo pelo outro resultaria em frase bastante adequada: "Na cultura, nada se cria, nada se perde, tudo se transforma." Se a cultura é feita de tudo aquilo que o homem cria, podemos dizer que tudo o que foi criado será recriado. Essa é uma premissa da chamada cultura remix, composta por um conjunto de práticas e manifestações características das últimas décadas. A cultura, no entanto, é um caldeirão com diversos ingredientes, e aqui a nossa discussão terá como centro gravitacional apenas alguns objetos definidos, que são associados a um nome de autor: objetos assinados e propostos como arte e literatura. "Na literatura, nada se cria, nada se perde, tudo se transforma" é o que arriscamos de início.

Não há dúvida de que tudo o que é proposto no mundo como arte ou como literatura pode e costuma advir de inspiração em outra obra ou do estudo detido de outra obra. Machado de Assis se inspira em Laurence Sterne e o estuda. Silviano Santiago estuda *Memórias do cárcere*, simula a linguagem de Graciliano Ramos e inventa novas memórias para o alagoano no livro *Em liberdade*. Goethe, para compor seu *Fausto*, parte de um livro popular de autoria indefinida inspirado em lendas da tradição oral alemã da Idade Média. O que nos interessa pensar, entretanto, não é a inspiração, a reinvenção, a emulação ou a simulação, nem se trata aqui de um estudo de fontes, influências e influenciados, mas sim de outros tipos de recriação: Reciclagem. Reaproveitamento. Remixagem. Transfiguração. Aquilo que resulta em obras que não foram feitas necessariamente sob inspiração de outras obras ou do estudo ou da simulação de suas linguagens, mas por meio de apropriação direta de textos, sons ou gravações preexistentes, numa espécie de copiar e colar incessante. O gesto de fazer de um conteúdo original uma outra coisa, mas não por meio de uma nova invenção, e sim pela reproposição ou reenquadramento pela seleção, edição e recontextualização. O texto como *ready-made*. A apropriação, a cópia e o deslocamento como métodos, como técnica e restrição, pelas quais se produzem um poema, um conto, um texto híbrido, arte e literatura – um artefato ao qual é atribuído um nome de autor.

Entendemos apropriação, aqui, basicamente, como o ato de utilizar algo produzido por outra pessoa com a finalidade de propor, expor, mostrar, apresentar, vender esse algo associado a uma segunda assinatura. Reinserir um dado material num sistema onde ele circula associado a uma nova "função-autor", para usar o termo de Michel Foucault. A apropriação pode se dar por meio de diversas táticas. Ao longo do livro percorreremos algumas delas.

Essas práticas são marcas intensas das últimas décadas, mas é claro que faz tempo que artistas utilizam matérias não produzidas por eles mesmos para fazer delas obras deles. O copiar e colar e o deslocamento, que, no contemporâneo, por meio da tecnologia, difundem-se como procedimentos habituais, são parentes daquilo que as vanguardas históricas do início do século XX, como o cubismo, o dadaísmo, o surrealismo e o construcionismo, propuseram com o caráter de gestos de ruptura com a representação mimética, a racionalidade, o belo, a linearidade. Avaliada por alguns críticos feito Peter Bürger como a operação mais marcante e influente em toda a arte do século XX, a colagem foi consagrada por pintores como Pablo Picasso, Georges Braque, Hanna Höch e Kurt Schwitters, que acrescentaram recortes de jornal, bilhetes de trem, pedaços de corda e outras matérias da vida cotidiana em seus quadros, numa aproximação entre arte e vida que desembocou em questionamentos relacionados à especificidade da pintura – pois os pintores deixaram de trabalhar apenas com tinta e pincel –, à obra como um espaço onde todas as partes são marcadas pela subjetividade do artista e à sua unidade (da obra de arte) – ao comporem obras a partir de fragmentos não submetidos ao resultado de um todo orgânico, ou que opera uma recusa do espaço pictórico como um *continuum*. Além disso, a arte de vanguarda questionou o próprio sistema de arte ao atacar a sua noção fundamental, a de obra – como criação única e individual, irreproduzível, uma noção que se herda do Renascimento.

Os ícones máximos do gesto apropriativo que resultou em provocação e questionamento são Marcel Duchamp e "A fonte", um urinol em posição invertida, assinado com pseudônimo, exposto pela primeira vez como obra de arte em 1917 no Salão da Sociedade

Nova-iorquina de Artistas Independentes. Antes disso, o primeiro *ready-made* de Duchamp, de 1913, fora composto de uma roda de bicicleta presa de cabeça para baixo num banquinho de cozinha, desses de madeira. Duchamp aplicou a denonimação *ready-made* para diferenciar esses tipos de trabalho daquelas obras feitas à mão. Suas escolhas tinham como critérios a indiferença e a anestesia que lhe despertavam certos objetos. Aquilo que ele escolheria para ser reproposto como obra não poderia lhe causar sentimentos extremos, aflitivos ou mesmo de deleite estético. Além da quebra da ideia de "belo" como categoria para avaliação de uma obra de arte, Duchamp recusa a aura do original. Diferentemente de uma pintura, que pede restauração, os *ready-mades* pedem reprodução. A obra "A fonte", que atualmente circula por museus ao redor mundo, é uma réplica editada em 1964, quatro anos antes da morte do artista, e há mais de dez exemplares dessa réplica. Não há necessidade de a obra ser "original", no sentido convencional.

Embora seja uma provocação ao que se pensava como obra, a provocação só faz sentido dentro do próprio sistema da arte – o que se dá não só pela inserção do urinol em um salão de arte, mas também pelo fato de o urinol estar assinado, mesmo que com pseudônimo. A assinatura localiza um objeto dentro de uma categoria de obra. Só que, no caso, assina-se sobre um produto que é produzido em série. O questionamento e a provocação assumem o lugar da obra, que é viabilizada por um gesto que desvincula a materialização da obra de um processo de criação do seu autor. Esse gesto, proposto como ruptura, como ataque à própria instituição arte no início do século XX, ao ser retomado por uma série de artistas ao longo das décadas acaba por tornar-se uma nova tradição. Dessa maneira, a instituição arte resiste ao enfrentamento vanguardista, abraça tais provocações e continua a produzir obras. Hoje, distanciado das utopias das vanguardas históricas, o gesto da apropriação desemboca numa série de procedimentos que tomam novas feições e travam outros diálogos num contexto de intensas mudanças tecnológicas.

No terreno da web e da cultura digital contemporânea, a reciclagem é uma constante. Não param de proliferar versões de trechos de filmes, nos quais alguns elementos são alterados em operações de ressignificação da obra original. Talvez uma das cenas mais retrabalhadas por usuários do YouTube seja aquela do filme *A queda – as últimas horas de Hitler*, em que, no original, o ditador se enfurece ao receber notícias do alto escalão de seu exército sobre a iminente derrota alemã na Segunda Guerra. Por meio da criação de novas legendas com diálogos inusitados, algumas das paródias dessa cena transformam a fúria sanguinária de Hitler numa revolta pela derrota brasileira por sete a um contra a Alemanha na Copa de 2014 ou numa decepção por não ser aprovado nas provas do Enem ou, ainda, numa discussão sobre a substância mais eficaz para combater micróbios. Os realizadores dessas reciclagens não são reconhecidos como artistas nem parece ser essa a intenção, pois não as submetem a sistemas de circulação em que o nome de autor importa, embora seja inegável a inventividade dos diálogos criados por eles. Talvez, se inseridos em outro sistema, com uma moldura, dentro de uma sala de um centro cultural respeitado onde visitantes pudessem se sentar num banquinho confortável, as reciclagens pudessem ser vistas como arte. Como, por exemplo, a exposição "Still Brazil", de Daniel Jablonski, que em 2018 foi montada em centros culturais de São Paulo e do Rio de Janeiro. Em meio a versões de "Aquarela do Brasil" em áudio e outras mídias que fazem parte da exposição, talvez a sua parte mais importante sejam as impressões de cenas capturadas de filmes de ficção estrangeiros, cenas em que "Brazil", "brazilian", "brazilians" e variantes são mencionados em diálogos de personagens. A coleção de fotogramas impressos acaba proporcionando ao visitante um panorama de como o Brasil é imaginado a partir de um olhar estrangeiro em cinematografias ficcionais.

    Outro caso interessante é a série "Amores instantâneos", de Luiz Sisinno, exposta no Centro Cultural da Justiça Federal no Rio de Janeiro em 2018. São colagens compostas de fotos antigas de sua família ou compradas em feiras de antiguidade sobrepostas de textos que o artista copiou de perfis no Grindr, um aplicativo de paquera gay. Frases como "Dá match mas não dá em nada" ou "Preguiça de todos vocês" são inscritas em tarjas e cobrem os olhos dos fotografados. Elas conferem uma história, uma narrativa nova a imagens que são do passado, mas que, sem elas, não sugeriam passado algum. Jogam, ainda, com a ideia de anonimato – por meio da ocultação da expressão nos olhos das personagens que, na foto, teriam proferido aquelas palavras. Uma autoria que se mostra e se oculta. Poderiam ser apenas postagens numa rede social, mas com um conceito bem amarrado, molduras bem escolhidas, em cores que dialogam com as colagens, e num espaço expositivo reconhecido, com um texto de apresentação de um curador, não deixam dúvida de que são arte. O mesmo poderia acontecer com muitos dos *memes* brilhantes produzidos diariamente no Brasil, que mereceriam um estudo à parte.

Para o crítico e curador francês Nicolas Bourriaud, desde a década de 1990, uma quantidade cada vez maior de artistas vem interpretando, reproduzindo, reexpondo ou utilizando produtos culturais disponíveis ou obras realizadas por terceiros. Bourriaud denomina tais atividades de práticas de "pós-produção". Para ele, o artista hoje não transfigura um elemento bruto (como o mármore, uma tela em branco ou argila), mas utiliza um dado, seja este dado um produto industrializado, um vídeo ou até um animal. Para Bourriaud, as noções de originalidade (estar na origem de...) e mesmo de criação (fazer a partir do nada) esfumam-se nessa nova paisagem cultural, marcada pelas figuras gêmeas do DJ e do programador, cujas tarefas consistem em selecionar objetos culturais e inseri-los em contextos definidos.[1]

Popularizada dos anos 1990 para cá, a música eletrônica é produzida pela seleção e edição de bases instrumentais pré-gravadas, dispostas num programa para que um músico/DJ/programador as manipule. O DJ é basicamente um ouvinte que sabe manipular artisticamente aquilo que ouve. Para realizar uma música, não é mais absolutamente necessário saber tocar violão, piano ou qualquer outro instrumento de composição e nem mesmo cantar. Essa nova paisagem cultural tem início durante o processo de independência da Jamaica do domínio britânico. Ocorrida entre fins dos anos 1950

---

1 Bourriaud, 2009, p. 8.

e início dos anos 1960, a independência levou DJs jamaicanos a migrarem para os Estados Unidos. Os recém-chegados, principalmente a Nova York, levaram consigo a ideia dos DJs que atuavam com sistemas de som. O hip-hop nasceu aí, da ideia jamaicana de fazer do ato de tocar discos uma forma de arte. Filtrada por uma perspectiva afro-americana, o procedimento da apropriação ganhou uma força cultural imprevista. O estilo *dub* de reggae – que consistia, no início, no ato de gravar novas partes em cima de músicas preexistentes, frequentemente adicionando vocais e ecos pesados – surgiu diretamente do movimento dos DJs e seus sistemas de som, sempre inclinados a incorporar qualquer novo avanço da tecnologia. Em torno de uma década depois, nos anos 1970, com hardwares hoje considerados primitivos, King Tubby e Lee "Scratch" Perry começaram a desconstruir músicas gravadas e criar "versões". Para Frederico Coelho e Mauro Gaspar, o elemento mais importante desse novo sistema de produção é o *sampler*: um gravador em que se armazena qualquer espécie de som e que permite reproduzir a gravação da forma que convier, no tom desejado, seja ela um ruído, uma música, um latido. Se é uma música, pode-se utilizar um trecho determinado e repeti-lo em *loops* incessantes, ou silenciar instrumentos para deixar apenas uma batida específica da bateria de Stewart Copeland ou um *riff* de guitarra de Jards Macalé ou uma linha do baixo de Bootsy Colins ou um fraseado do sax de John Coltrane.[2]

Samplear consiste basicamente em retirar ou copiar fragmentos de uma ou várias fontes e deslocá-los, reposicionando-os em determinado contexto diferente daquele de onde os fragmentos foram retirados. Ou seja, assemelha-se a um reaproveitamento, um segundo uso dado a certo material. Em literatura, o *sample* se aproxima do que pensamos como uma citação. Citar é ressaltar um fragmento, elevá-lo à frente do seu conjunto anterior, dar-lhe destaque e trazê-lo a uma nova situação. *Citare*, em latim, significa pôr em movimento, fazer passar do repouso à ação. Quando citamos, ativamos palavras que antes dormiam. Mas há uma diferença crucial entre

---

2 Coelho & Gaspar, 2005, não paginado.

citação e gestos mais radicais de apropriação: a citação tradicional é feita quando o conteúdo copiado vem associado a um crédito, com a referência à fonte; já em gestos de apropriação pode ou não haver o esclarecimento quanto à origem. Ou seja, o gesto de apropriação varia, em alguns formatos a fonte pode ficar oculta.

Uma obra inteira feita de *samples*, na música ou em audiovisual, é considerada um *mash-up*, uma mistura de trechos ou elementos de fontes diferentes, composição de uma nova obra. Um bom exemplo é *Hell's Club*, do *videomaker* parisiense Antonio Maria da Silva. Nesse vídeo, disponível online, Maria da Silva mistura trechos de vários filmes estadunidenses que contêm cenas em discotecas. O artista faz com que todas essas discotecas – que nos filmes originais eram povoadas de cores, figurantes, ritmos e luzes próprios e específicos – tornem-se uma só, em que todos os personagens se encontram e dançam a mesma música. Eles são interpretados por Arnold Schwarzenegger, Al Pacino, Jim Carrey, Tom Cruise, Wesley Snipes, John Travolta e outros – até Michael Jackson dá as caras. Al Pacino aparece triplamente, numa encarnação mais jovem de *Scarface*, outra mais velha, de *Pagamento final*, e ainda num pôster afixado na parede do quarto de Tony Manero, personagem de John Travolta que tem Al Pacino como ídolo em *Os embalos de sábado à noite*. De maneira que o vídeo de Maria da Silva combina não só filmes diferentes, mas personagens diferentes interpretados por um mesmo ator, provocando assim uma presentificação de tempos anteriores e posteriores. O passado longínquo e o passado recente de um mesmo ator, detectados por sua aparência, se recombinam no presente daquela narrativa. O passado deixa de ser passado para se tornar um dado que pode fazer parte do presente a qualquer momento. Nada, de fato, passou, apenas está estocado num armazém, e pode reaparecer. Narrativamente, Maria da Silva faz uso dos diferentes tempos. Por exemplo, ao explorar o contraste entre as roupas usadas por um personagem de filme de 1977 (Tony Manero) e aquelas de um Anakin Skywalker de um episódio de *Star Wars* dos anos 2010. O contraste é um elemento na história, já que quando Anakin Skywalker entra na discoteca, com sua vestimenta e seu corte de cabelo característicos, um ou outro personagem lhe dirige um olhar com estranhamento. *Hell's Club* tem início (a chegada à discoteca), meio (dança, tensão, briga e tiros) e fim (morte e renascimento). A habilidade do *videomaker* em criar uma narrativa a partir de um catálogo de vídeos heterogêneos é notável. Na França, há um Mashup Film Festival realizado anualmente e nele são veiculados, como o nome indica, apenas filmes feitos com essa técnica. Antonio Maria da Silva é uma das estrelas de edições passadas do festival, e o texto de apresentação no site do evento afirma que o filme francês mais visto no mundo inteiro durante o ano de 2016, com mais de 30 milhões de visualizações, foi *Hell's Club*.

Outro exemplo de *mash-up* seria a videoarte *The Clock*, de Christian Marclay, um filme de 24 horas de duração que, em galerias e museus, costuma ser exibido em *looping*. A primeira exibição das cenas dura, portanto – antes de o filme começar a se repetir – exatamente o mesmo intervalo de um dia. *The Clock* é composto de cenas de filmes e programas de televisão que mostram relógios ou fazem referência ao horário, e o filme foi montado de maneira que o horário exibido nas cenas seja sempre o mesmo do tempo real. Realizada em 2010, a obra funciona como um relógio. É um trabalho que opera com a sincronização, já que os lugares que o hospedam são requeridos a começar a exibição sempre à meia-noite. E assim o filme segue, antes de entrar em *looping*, até a meia-noite do dia seguinte. Para um espectador que pega *The Clock* em seu início, o tempo que leva assistindo a ele será sempre o mesmo tempo exibido nos relógios que aparecem nas cenas do filme ou que são mencionados verbalmente.

Como não é preciso filmar cenas originais, os momentos mais importantes para a construção de um *mash-up* audiovisual, tendo definido a proposta, são assistir e montar. Na primeira etapa de produção de *The Clock*, por exemplo, Marcley reuniu, com financiamento da galeria londrina White Cube, uma equipe de seis pessoas cuja tarefa era assistir a centenas de DVDs e, com programas digitais, copiar as cenas em que eram mostrados horários em relógios ou mencionados verbalmente. A etapa de pesquisa ocupou seis meses de trabalho exaustivo da equipe.

A montagem é o procedimento de ajustar e ordenar as partes selecionadas a fim de alcançar, num todo, o fim desejado. Ela descreve a fase de constituição da obra, enquanto a colagem se refere ao seu resultado – assim como o *mash-up*, que é o produto da montagem de *samples* ou cenas. Nas artes, fala-se em bricolagem (termo usado também para a literatura, emprestado das artes) como resultado da montagem de fragmentos, que podem ser referenciados, feito uma citação, ou não. Uma das características mais interessantes desse tipo de obra – na qual nos aprofundaremos em breve – é que ela conjuga em si tanto a recepção quanto a produção, pois cria--se explicitamente a partir do que se leu. Monta-se a partir do que se recortou. No caso de uma bricolagem – podemos dizer também *mash-up* literário –, leitor e autor se reúnem numa figura só, dando origem ao autor-montador, deslocador, manipulador, autor-curador. Esse autor que produz um objeto de escrita, mas um objeto cujo conteúdo não foi escrito originalmente por ele. Estranha figura: um escritor que não escreve. É o que pretendemos investigar e situar ao longo do livro.

Em geral, quando falamos em citação falamos daquele trecho previamente escrito que é reproduzido com a finalidade de ilustrar uma ideia, reforçar um posicionamento – aumentar o volume de sentido de certa afirmação, além de lhe conferir autoridade. Não é desse tipo de citação que falamos quando falamos, por exemplo, na bricolagem, no *mash-up* como "montagem de fragmentos". Nas obras que serão investigadas aqui, a citação não é um acréscimo de sentido a um texto anterior do autor original, justamente porque não existe anterior que não seja em si já uma citação ou fragmento de outro texto. A citação não vem para ilustrar uma ideia. Ela é o texto, ela é a ideia. O fragmento é reproduzido para ser uma das partes integrantes do trabalho, no mesmo nível de outros trechos. Ele não é utilizado para esclarecê-los ou reforçá-los.

Caminhamos da "lógica do sentido" – algo que nos auxilie na compreensão – para a "lógica do uso", em que não há diferença de hierarquia ou intenção entre um trecho apropriado e outros trechos também apropriados ou não. O trecho copiado é um dado, é uma fonte a ser utilizada como *ready-made*. Está lá não para confirmar ou fortalecer algo prévio, mas como obra em si. É o que faz o escritor e professor português Pedro Eiras no recente *Ensaio sobre os mestres*. O livro de Eiras é constituído de mais de 400 páginas de pensamento, ficção, poesia e teoria literária compostos por meio de colagens de trechos de diversos autores, sem que o próprio Pedro Eiras adicione nada, absolutamente nada "de punho próprio". Cada capítulo do livro gira em torno de um tema, como "O Mestre", "O Discípulo" e "Aulas e Conversas". O trecho a seguir foi colhido do capítulo "A Morte".

Em todo o caso, foi uma das angústias da minha vida – das angústias reais em meio de tantas que têm sido fictícias – que Caeiro morresse sem eu estar ao pé dele. Isto é estúpido mas humano, e é assim. Eu estava em Inglaterra. O próprio Ricardo Reis não estava em Lisboa; estava de volta no Brasil. Estava o Fernando Pessoa, mas é como se não estivesse. (Fernando Pessoa / Álvaro de Campos 1931: 46)

Ninguém chorou a sua morte; ninguém estava ao lado para além da figura vulgar do comissário de polícia do bairro e do indiferente médico municipal. (Nikolai Gógol 1834: 123)

"Por que não foste ao funeral?"
"Quando uma pessoa está morta, está morta."
"Devias ter ido."
"Virás ao meu?"
Pensei um momento e respondi:
"Não." (Elena Ferrante 1992: 145)

Vemos aí fragmentos de Fernando Pessoa, Gógol e Elena Ferrante. Nenhuma das passagens é original e textualmente de Pedro Eiras. Ele atua como uma espécie de arranjador do discurso, um gerenciador de informação textual. E de maneira distinta da estética do choque e da incongruência praticada pelas vanguardas do início do século XX, já que em sua obra Eiras busca – e alcança – um encadeamento orgânico entre os trechos. No conjunto de fragmentos citado percebemos uma narrativa bem estabelecida: o narrador em primeira pessoa, no trecho originalmente de Pessoa, está inquieto por não ter comparecido a certo funeral, então temos uma ideia de como foi esse funeral; com o trecho de Gógol, e no terceiro fragmento, originalmente de Ferrante, houve uma mudança psicológica no narrador: durante uma conversa sincera, ele se dá conta de que não precisava ficar inquieto daquele jeito, pois, no fundo, pensando bem, há alguns funerais aos quais ele realmente não iria, como o do seu interlocutor.

    Ensaio sobre os mestres é construído com a intenção de viabilizar a fruição do leitor. A tessitura do texto indica que, antes de provocar reflexão ou aversão imediatas, a obra pretende estabelecer contato. Ao operar dessa forma, Eiras constrói, em texto, algo semelhante ao que o estadunidense DJ Shadow fez com sons em seu primeiro álbum, *Endtroducing* (algo como "introduzindo o final"), de 1996. O álbum se constitui de um conjunto inteiro de canções montadas por meio da combinação de outras músicas preexistentes. Trata-se de uma colcha de retalhos que se torna, através de sua construção, um tecido entrelaçado dando forma e corpo à outra colcha, para usar as palavras do "Manifesto da literatura sampler", composto por Frederico Coelho e Mauro Gaspar. Dessa maneira, ainda de acordo com a dupla, os retalhos se desprendem do material anterior e da pressuposta individualidade de cada fragmento.[3] Cria-se um novo corpo, fundado na invasão de outros corpos. Partes desses corpos preexistentes ganham novas vidas tanto em Eiras quanto em Shadow.

    Com *Ensaio sobre os mestres*, *Endtroducing*, *Hell's Club* e *The Clock*, é possível notar que nos últimos anos o ato do deslocamento se expandiu da aplicação em objetos do cotidiano, como era mais comum nas vanguardas, para a aplicação em objetos da cultura – livros, músicas, filmes etc. Além disso, o gesto atualmente dirigido ao patrimônio cultural não é realizado com a intenção de desvalorizar a arte e questionar sua existência, mas sim para utilizá-la em novas obras. Isso demonstra, segundo Bourriaud, uma vontade de inscre-

---

3 Coelho & Gaspar, 2005, não paginado.

ver a obra de arte numa rede de signos e significações, em vez de considerá-la como forma autônoma ou original.[4] A obra se propõe, hoje, não como antiarte ou antiliteratura, mas como um ponto onde se cruzam fios que fazem parte de uma grande teia (a qual poderá ser deixada mais ou menos clara – apenas sugerida – para o leitor).

Podemos dizer que o ato de deslocar um trecho de um todo para um outro contexto é uma ação que "mata o pai do discurso". Ao retirar um fragmento de seu contexto inicial e trazê-lo para um novo espaço, afastando-o do inteiro onde ele se inseria, Eiras confere um novo destino àquele enunciado, separando-o do contexto onde a voz o enunciou "legitimamente". Estamos, dessa maneira, nos apropriando da escrita, que tem determinado ponto de partida, para o levarmos para um novo meio – "meio", aqui, não no sentido de suporte, mas um meio no sentido de um espaço que já começa como parte de um ambiente textual anterior, ou seja, um espaço que se insere em uma sequência, em uma rede, e não em uma origem (e por isso, seria mesmo um contrassenso, para os gestos apropriativos, no contemporâneo, a utopia de matar o passado, de começar algo do ponto zero). Talvez possamos ser menos drásticos e afirmar que esses gestos hoje mais apagam o pai do discurso ou o deixam em *sleep mode* – e ele pode ser reativado pelas conexões da rede – do que o matam em definitivo. E assim, apagado o pai, caso sigamos na ação de deslocar trechos de um contexto original para outro novo, acabamos por montar textos inteiros sem que tenhamos escrito nada que tenha, materialmente, se originado em nós. Estabelecemos uma relação com a leitura baseada na serventia. Não importa qual sentido se avolumava por determinado trecho no original. O que importa, agora, é se ele nos serve ou não para o que queremos construir.

> Marina Colasanti: O título *Perto do coração selvagem* é tirado de Joyce, se não me engano.
> Clarice Lispector: É de Joyce, sim. Mas eu não tinha lido nada dele. Eu vi essa frase que seria como uma epígrafe e aproveitei.[5]

---

4 Bourriaud, 2009, p. 12-13.
5 Lispector, 2005, p. 144, citada por Eiras, 2017, p. 23.

No campo audiovisual, a prática da montagem tornou-se mais clara no início do século XX, quando diretores de cinema da antiga União Soviética, como Sergei Eisenstein e Dziga Vertov, passaram a lhe conferir um valor antes não visto na arte cinematográfica. Em 1923, no manifesto "A montagem de atrações", Eisenstein escreve que a atração tal como a concebemos é todo fato mostrado, conhecido e verificado, concebido como uma pressão produzindo um efeito determinado sobre a atenção e a emotividade do espectador e combinado a outros fatos possuindo a propriedade de condensar a sua emoção em tal ou tal direção ditada pelos objetivos do espetáculo. Deste ponto de vista, o filme não pode contentar-se simplesmente em apresentar, em mostrar os acontecimentos, ele é também uma seleção tendenciosa desses acontecimentos, a sua confrontação, libertos das tarefas extremamente ligadas ao tema, e realizando, em conformidade com o objetivo ideológico do conjunto, um trabalho adequado ao público.[6]

A intenção de Eisenstein não é tornar a montagem um procedimento invisível, não detectável, ou seja, simplesmente usá-lo como é necessário a qualquer filme, mas, pelo contrário, fazer da montagem algo observável pelo espectador, à maneira de mais "um recurso", de forma que traga contribuições artísticas para além da organização, num fluxo cronológico geralmente pensado como natural. No caso de Eisenstein, porém, o material a ser editado e montado era "original". Utilizo este termo porque Eisenstein não usava cenas de outros filmes, mas trabalhava a montagem de cenas que ele mesmo, como diretor, havia ensaiado e filmado, ou seja, cenas cuja origem era o próprio trabalho de Eisenstein. Seus filmes não eram, assim, obras de "pós-produção" no sentido em que a expressão é usada por Nicolas Bourriaud.

Um caso diferente, esse sim de pós-produção, é o filme *Um dia na vida*, realizado em 2010 por Eduardo Coutinho. Trata-se do último filme terminado pelo diretor antes de falecer. *Um dia na vida* consiste numa edição, com uma hora e meia de duração, de imagens

---

6 Eisenstein, 2002, p. 79.

que o cineasta captou durante um dia inteiro, em 2009, de todos os canais de televisão aberta do Brasil. A montagem oferece ao espectador um panorama potente, que escancara o conteúdo televisivo brasileiro: violência, bandidos *versus* mocinhos, dicas para a mulher ficar mais bonita, dicas para a mulher arranjar marido, dicas para a mulher ter o bumbum empinado, pregações religiosas, melodrama, notícias sobre como vivemos num país terrível, futebol, melodrama, más notícias econômicas, e só piora (exceto pelos melhores momentos do futebol). Difícil não ficar deprimido. Embora nós brasileiros estejamos acostumados com esses conteúdos, o resultado do filme surpreende porque, mais do que documentar, Coutinho compõe – e assim propõe – uma visão do Brasil. O filme nos desanestesia. Se superados os primeiros minutos de tédio – que para muitos pode durar o filme inteiro –, é de causar espanto, e esse espanto se dá pela habilidade com que Coutinho tece a colcha de retalhos à sua maneira. O filme manifesta aquilo que a professora e crítica literária Marjorie Perloff chama de "gênio não original". Perloff cunha essa expressão para designar aquilo que se manifesta numa obra gerada por atividades de pós-produção. "Gênio", aqui, não deve ser compreendido como a ideia de excepcionalidade ligada a um indivíduo, mas como uma atmosfera artística de época, determinado direcionamento e olhar para os processos artísticos, ou melhor, uma postura diante e dentro das maneiras de fazer. O "gênio não original" é o olhar que não tem a menor intenção de se posicionar na origem de um discurso, mas sim no meio, no entre, escrevendo por meio de.

Um dia na vida não entrou em circuito comercial, não ganhou salas de exibição e não tem cópias vendáveis em DVD ou outro meio em razão das questões de direitos autorais, já que as imagens legalmente pertencem aos canais de tevê. Por isso, o filme está disponível somente na web, por acesso gratuito. Coutinho o exibia apenas em projeções especiais, geralmente com ele na sala, para fins de debate. Diferentemente dos meios editorial e literário, o televisivo move milhões em dinheiro e tem enorme influência em todas as esferas de controle da sociedade. Coutinho não teria como enfrentar tamanho poderio nos tribunais.

Vale a pena lembrar, nesta talvez já longa inserção em nosso tema, o caso de *El aleph engordado*. Em 2009, o escritor argentino Pablo Katchadjian acrescentou 5.600 palavras ao conto "El aleph", de Jorge Luis Borges, e publicou o resultado final, por sua própria editora, a Imprenta Argentina de Poesía, numa tiragem baixa, de algo entre 200 e 300 exemplares, dos quais parte deu a alguns amigos e outra parte vendeu informalmente por menos de cinco reais. Dois anos depois, a viúva e herdeira de Borges, Maria Kodama, processou Katchadjian por plágio e violação de direitos. O caso se arrastou por seis anos, com pequenas vitórias dos dois lados, até Katchadjian – que chegou a ser embargado financeiramente – finalmente ser absolvido. Seu método é diferente daquele empregado em *Um dia na vida*, mas nos dois percebemos como as questões de âmbito legal podem restringir a circulação ou tentar penalizar a própria realização de obras que se utilizam da apropriação. Se o veredicto judicial fosse desfavorável a Katchadjian, veríamos a abertura de um precedente perigoso para a experimentação literária e artística na Argentina.

No ano em que Kodama entrou com o processo contra Katchadjian, outro texto que atravessa Borges estava pronto para chegar às livrarias. Era o romance *El hacedor remake*, do espanhol Agustin Fernández Mallo. O livro estava impresso pela editora Alfaguara espanhola e pronto para ser distribuído quando, no último momento, os editores preferiram reter os exemplares em seus estoques por receio de, a exemplo de Katchadjian, sofrer um processo por parte da detentora dos direitos de Borges. Triste ironia que tais casos tenham envolvido justamente a literatura de Borges, o autor que fundou todo um conjunto de textos maravilhosos que exploram referências inventadas, resenhas de livros inexistentes, cópias que são reescritas, espelhamentos e a figura do leitor-autor (o que levou o escritor argentino Alan Pauls a dizer que há uma vocação parasitária que prevalece nas melhores ficções de Borges).[7] Como se sabe, Borges falava de si como um leitor que escrevia, muito mais do que como um escritor, e dizia que se orgulhava mais daquilo que lera do que

---

7 Pauls citado por Azevedo, 2018, p. 82.

daquilo que escrevera. No fundo, tais declarações são um reconhecimento de que ler é escrever, ou, em termos mais mercadológicos, consumir é produzir.

Os casos demonstram como a apropriação se torna um procedimento radical num tempo como o nosso, em que questões estéticas acabam por se tornar, ainda que à revelia dos autores contemporâneos, problemáticas de tribunal. Vivemos na era da pirataria, do download, da gravação, da adulteração, da participação, do compartilhamento, do copiar e colar, do escanear, do encaminhar, do fotocopiar, capturar e publicar. A tecnologia se desenvolveu para uma zona de facilitação da captura, da cópia, da liberação, da mistura e do acesso, mas as leis nem sempre acompanharam essas inclinações. Num contexto como esse, o que aconteceu com *El aleph engordado* ou *El hacedor remake* são casos extremos, é verdade, mas tornam mais palpáveis e visíveis as teias e limites indicados por Foucault quando ele disse que a "função-autor" está ligada ao sistema jurídico e institucional que contém, determina, articula o universo dos discursos.[8] A função-autor colocada em jogo pelos dois livros acabou por afrontar o sistema jurídico e institucional. O espaço ocupado por um autor-montador ou autor-manipulador é o do saque, do pirata, do vampirismo.

Não são gestos gratuitos. O próprio Katchadjian já havia trabalhado com procedimentos de apropriação – o que torna *El aleph engordado* parte coerente da sua obra – em outros livros, como em *El Martín Fierro ordenado alfabéticamente*. O texto, de 2007, faz exatamente aquilo que aponta o título, um reordenamento do poema de José Hernández, publicado em 1872 e considerado um marco para a identidade nacional argentina. No Brasil, o mesmo procedimento foi realizado pela poeta Marília Garcia, em 2008, para compor o poema "a garota de belfast ordena *a teus pés* alfabeticamente", uma homenagem a Ana Cristina Cesar. Garcia diz que a própria feitura do poema lhe valeu como uma pesquisa, durante a qual descobriu, por exemplo, que "atravessar" se repete muitas vezes ao longo dos

---

8 Foucault, 2009, p. 279.

poemas do livro *A teus pés* e que o principal marcador de tempo, no início dos versos, é "agora". Percebemos, nos casos argentino e brasileiro, a intenção de releitura. Não releituras no sentido de novas interpretações a partir dos textos originais como apresentados por seus autores, mas uma espécie de busca de novas descobertas a partir da desmontagem e da remontagem, como se os poetas contemporâneos se perguntassem o que mais aqueles poemas podem dizer para além do que já disseram até então. Uma espécie de "atualização" dos poemas por meio da reproposição. Invadir o corpo do poema – seus versos – e atuar no esvaziamento das certezas – sua organização original, as leituras e interpretações já despertadas, sedimentadas.

invadir o corpo do mundo
aceitar
o
caos
atuar no esvaziamento das certezas

não copie e cole
se aproprie e recrie a realidade
use seu imaginário
carta de alforria para um primeiro
ato

nem todo início é um prólogo[9]

Estes são os primeiros versos do "Poema atravessado pelo manifesto sampler", texto de abertura de *Poemas tirados de notícias de jornal*, de Ramon Mello. Já no título do livro, o poeta cria ressonâncias com o "Poema tirado de notícia de jornal", de Manuel Bandeira, e no poema de abertura mistura palavras "suas" àquelas presentes no "Manifesto" de Frederico Coelho e Mauro Gaspar (além de ou-

---

9 Mello, 2012, p. 11.

tras tiradas de jornais). Se já não estava explícito, no "Manifesto", quais trechos são de autoria de Coelho, quais são de Gaspar e quais seriam de outros autores, o surgimento de certos trechos do "Manifesto" no poema de Ramon nos remete uma segunda vez à mobilidade do texto, o que gera a multiplicação de indiscernibilidade de autorias para o leitor de primeira viagem. O "Manifesto da literatura sampler", escrito em 2005 a quatro mãos que se adicionam a muitas mais, é um documento literário recheado de trechos de diversas fontes indicadas, porém não referenciadas com exatidão. Publicado ao longo de 2007 em oito edições do jornal literário *Plástico Bolha*, de distribuição gratuita, e depois em 2010 no site objeto sim objeto não, de Frederico Coelho, diz o "Manifesto" em seu fotograma IV: "A verdadeira história da literatura é uma história de ladrões."

Desde sempre, os escritores citam outros escritores em suas obras, roubam frases e versos ou criam outras formas de diálogo e geram intertextualidades. Desde sempre, a leitura é doação de sentido por parte do leitor. A literatura é um objeto inacabado que pede a atualização do leitor. Não há leitura que não ressignifique o texto lido. O que acontece é que, com a tecnologia, a virtualidade e a digitalização contemporâneas, o texto – e sua quantidade que aumenta exponencialmente – torna-se cada vez mais maleável, cada vez mais deslocável, editável, transmissível, mais disponível às imprevisibilidades da recepção. Quem vai ler, quando, onde, como, com quem, em qual suporte, seguindo qual ordem, acessando outras informações durante a leitura, cruzando um conteúdo com outro ou não, realizando atravessamentos entre suportes ou não... São situações que não se podem prever e que nos levam a momentos de espanto e divertimento – por mais que alguns escritores e artistas praticantes da literatura por meio de apropriação trabalhem justamente com noções feito o impassível e o tédio, como veremos. O fato é que o leitor nasce cada vez mais. A leitura realizada numa sequência de links que levam ao acréscimo de abas demonstra, na prática, por meio de gestos feito a flutuação da seta numa tela, como ler é uma construção de trajeto, de um itinerário que cada um realiza do seu jeito. Com a multiplicação de caminhos possíveis, as ferramentas de doação de sentido por parte do leitor ganham maior importância na execução de uma autoria implícita. O que as práticas de apropriação operam como diferença é justamente a mudança da leitura como autoria "implícita" para uma autoria "explícita".

L

O ESTADO
DOS TEXTOS

"A escrita está cinquenta anos atrás da pintura", disse o pintor Brion Gysin ao escritor William Burroughs num quarto do Beat Hotel, em Paris, em 1959. Gysin insinuava que a literatura deveria acompanhar a pintura no uso de material preexistente. Para Gysin, a literatura deveria incluir, em sua composição, a linguagem como um *ready-made*. A provocação é semelhante à que fizeram Frederico Coelho e Mauro Gaspar, numa fala performática, com variações de ritmo, aos microfones numa sala de aula no Rio de Janeiro, quase cinquenta anos depois: Se a música traz os "cortes" da vida, o que está fora, ruídos, barulhos, máquinas, silêncios que não são "traduzidos" pela linguagem, e sim incorporados, por que não operá-los na escrita? Não é tempo de a poesia se equiparar à música?[10]

O romance-montagem *Eles eram muitos cavalos*, publicado em 2001 por Luiz Ruffato, se constituiu de quase cem breves relatos e diálogos, praticamente fotografias textuais, instantâneos da paisagem caótica da cidade de São Paulo. Os pequenos capítulos formam um mosaico textual que presentifica a cidade. Coisas que se ouvem e se veem pela rua proliferam no livro. *Eles eram muitos cavalos* opera com a lógica da navegação e do conteúdo parcial, a mudança incessante de um foco de atenção para outro, evocando no livro a velocidade da troca, da mudança, da atenção estilhaçada em meio ao excesso de informações urbano, e da dificuldade (para o leitor/ para o estranho-imigrante que chega ao novo espaço) de formar a imagem de um todo unido e coerente da cidade. Traz algo de uma pintura cubista. *Eles eram muitos cavalos* antecipa a provocação de Frederico Coelho e Mauro Gaspar, visto que o livro incorpora os "cortes" da vida. No entanto, diferentemente das obras que pensaremos de forma mais detida aqui, o livro de Ruffato mistura escrita "original" e "não original", ou seja, textos gerados pela mão do autor e outros que ele copiou e transcreveu, uma abordagem cada vez mais praticada, tanto na poesia como em contos e romances. Esse tipo de composição foi realizado substancialmente em obras recentes, cada qual à sua própria maneira engenhosa e específica,

---

10 Coelho & Gaspar, 2005, não paginado.

como em *Livro das postagens*, de Carlito Azevedo; *A morte de Tony Bennet*, de Leonardo Gandolfi;[11] *O fluxo silencioso das máquinas*, de Bruno Zeni; *O teatro do mundo*, de Catarina Lins; *Vicente viciado*, de Renato Negrão; *Uma mulher*, de Flávia Péret; *Antiterapias*, de Jacques Fux; *Sujeito oculto*, de Cristiane Costa – em que a apropriação é não só método como tema do romance –; *Opisanie świata*, de Veronica Stigger; *Oito viagens ao Brasil*, de Gustavo Piqueira; *O banquete*, de Patrícia Portela; *Nocilla Dream*, de Agustin Fernandez-Mallo; *Lincoln no Limbo*, de George Saunders; *Meu destino é ser onça*, de Alberto Mussa; o conto "Planta circular", do livro *Antes que seque*, de Marta Barcellos; *O marechal de costas*, de José Luiz Passos (que conta com discurso de Dilma Rousseff), e em diversos momentos na poética de Enrique Vila-Matas. Isso para citar apenas algumas obras cuja malha textual é feita dessa mistura e de maneiras que não são nada gratuitas, muito pelo contrário. A combinação de autorias não é algo "a mais", mas a própria tessitura, o próprio jogo de cada um desses textos. De fato, são muitos os escritores cuja produção é marcada por esse diálogo entre "escrita original" e "escrita não original". Cada época terá seus exemplos. Poucas décadas atrás víamos essa abordagem de forma marcante em Waly Salomão, Paulo Leminski, Valêncio Xavier, nos cadernos de Hélio Oiticica ou na própria poesia de Ana Cristina Cesar. A literatura sempre se serviu de "pedaços" diretos de outros textos ou da própria realidade para além dos livros, por assim dizer, para se constituir.

No âmbito da literatura latina, o método de justapor vários trechos de fontes diferentes para formar um novo texto original era chamado de "centão": os "centões" floresceram, principalmente, a partir do século I d.C. Antigos monges chineses trabalhavam como copistas, transcrevendo enormes quantidades de texto, e às vezes inseriam trechos seus. A descontextualização e a recontextualização não são ações novas. Mas, hoje, depois da expansão da ideia de autor individual, de direitos autorais, da padronização e distribuição do texto por meio da imprensa, da popularização das tecnolo-

---

11 Lido e comentado com brilhantismo por Alberto Pucheu em *Do tempo de Drummond ao (nosso) de Leonardo Gandolfi*.

gias digitais, tais ações têm outro significado, assim como efeitos e consequências diferentes, intrínsecos à nossa época e ao nosso estado de coisas. A apropriação e o deslocamento de texto, hoje, parecem ter como ponto de partida o espaço mental mutante que a web abriu para o pensamento. Além disso, como já dito, a oferta cultural nunca foi mais vasta. Livros, músicas, filmes, exposições, vídeos, sites... cada vez mais precisamos de um catálogo, um guia, uma agenda dos eventos para poder, com alguma clareza e discernimento, mesmo que terceirizados, realizar escolhas por entre todas as opções que o mercado oferece. Cada vez mais precisamos de curadoria. E, por isso, cada vez mais nos tornamos curadores ou recorremos a guias, ferramentas, manuais ou clubes. O excesso de informação gera uma situação tal que flutuamos entre nos apegar ferrenhamente aos nossos próprios critérios, buscar filtros de terceiros que julgamos confiáveis ou abdicar da responsabilidade pelas próprias opções. Em geral, sem orientações, sentimos como se estivéssemos no caos.

As obras contemporâneas respondem a outra situação própria dos dias de hoje, que é a demanda e o consumo intenso de realidade (basta ver o sucesso comercial das biografias, as grandes reportagens, os depoimentos e testemunhos, os documentários). O alcance avassalador da realidade, que chega até nós onde quer que estejamos, pelos smartphones, pelo rádio ou pela pequena televisão que nos acossa até em ônibus ou elevadores, praticamente nos proíbe de esquecer o dia a dia dos famosos, nossa sorte astrológica ou a cotação da bolsa. Se o excesso de estímulos acaba por nos esgotar, causando assim o seu negativo, a insensibilidade, uma total indisponibilidade para o espanto – até então o fundamento para a poesia –, o escritor, o poeta, o artista recorrem aos próprios estímulos que os esgotam para deixá-los falar por si, ou por meio de rearranjos. Por isso, o termo "poesia do pós-espanto", como diz Alberto Pucheu, para caracterizar a poesia de *A morte de Tony Bennet*, de Leonardo Gandolfi, uma poesia em que não há momentos de intensa voltagem emocional. Uma poesia assumida como "poesia de pilha fraca" pelo autor, e que é feita de pedaços de letras de Roberto Carlos, diálogos de filmes de espionagem, entre outras tantas fontes cujo excesso, em nossas vidas, nos leva a uma sensibilidade quase plana.

Parte do excesso se deve ao fato de que vivemos uma incessante produção de passado. Cada vez mais arquivos, cada vez mais registros, cada vez mais novidades sobre os nossos antepassados, novidades escavadas com as quais temos que nos haver e então reavaliar onde estamos, onde estivemos e o que fazemos a partir do momento em que já não podemos ignorá-las. O escritor, percebendo que o universo ficcional/literário fica soterrado debaixo de tanta realidade (mesmo que apresentada, muitas vezes, com ares de ficção), sem chance de alcançar e sensibilizar o leitor já insensível devido a tantas notícias, busca gerar uma intervenção mais notável na realidade ou se servir dela para desestabilizá-la (modificá-la, colocá-la sob suspeição) por meio da inserção de ficção. Fundir ficção e real. Se os jornais apresentam a realidade com todo um aparato que lhe dá ares de ficção, o escritor apresenta a ficção com um aparato que lhe dá ares de realidade. E isso não acontece, nesse momento, como uma espécie de reação triste ao excesso de realidade, mas como uma proposição entusiasmada pelo contato com o real, pela chance de tratar com um material que outras gerações não puderam tratar (*posts* e mensagens de rede social, por exemplo, no caso de *Livro das postagens*). Trata-se da oportunidade de dar uma nova vida aos pedaços de realidade, que tem sido assumida com aparente ânimo.

Um caso emblemático é *Diário da cadeia – com trechos da obra inédita Impeachment*. Assinada por "Eduardo Cunha (pseudônimo)", o livro traz recortes de matérias de jornal sobre o processo que levaria o ex-deputado Eduardo Cunha até a cadeia, entre outras notícias políticas, misturados a textos em tom intimista que simulam a experiência de Eduardo Cunha, político, pessoa real, em seus dias vivendo na cadeia. Trata-se de uma sátira, claro, uma simulação. A obra, concebida e escrita pelo escritor Ricardo Lísias, de fato conseguiu intervir num grau de realidade raro de ser atingido por uma obra de ficção, visto que os advogados do próprio Eduardo Cunha, político, pessoa real, preso, tentaram e conseguiram – por apenas alguns dias – proibir a circulação do livro assinado pelo pseudônimo de

Ricardo Lísias. Feita a partir do real para criar uma intervenção no real, a obra cumpriu seu objetivo, mesmo que para isso a identidade do autor por trás do pseudônimo tenha sido revelada pela Justiça. Assim como em *El aleph engordado* e *El hacedor remake*, a "função--autor" posta em circulação por *Diário da cadeia* – com trechos da obra inédita *Impeachment* afrontou o sistema jurídico-institucional que a regula.

Cabe dizer que essa mistura entre apropriações e escrita original foi consagrada, no Brasil, pelos modernistas Oswald de Andrade, Mário de Andrade e Antônio de Alcântara Machado, e praticada na segunda metade do século XIX pelo poeta maranhense Joaquim Sousândrade, autor de *O Guesa*, que, em meio ao português da época, usa neologismos, palavras de origem indígena e palavras em inglês, colhidas de jornais como *The New York Times* e *The Sun*.

A intenção do nosso texto, como foi dito anteriormente, não é se debruçar sobre obras que mesclam a escrita original e a não original, à maneira como praticam alguns autores mencionados aqui. A proposta é discutir uma prática mais intransigente: aquela que produz obras cujos textos são inteiramente compostos por meio de apropriações. Ou seja, obras que não são feitas da mistura entre "pedaços" do preexistente e trechos originais, mas que são integralmente não escritas/não criadas por aqueles que as assinam. Pensaremos o autor, aqui, como um "processador de linguagem e sensações", como dizem Frederico Coelho e Mauro Gaspar. Processador: uma máquina. Linguagem: matéria, que produz tais ou quais sensações e pensamentos, a depender de como é manipulada. Linguagem processada resultante em obras menos ou mais consequentes, de maior ou menor intensidade, interesse e potência.

Tempos se desdobram e colidem ou se associam quando escritores movem linguagem de um espaço para o outro. Pensemos na obra *Sessão*, de Roy David Frankel. O livro parte de uma transcrição dos discursos dos senadores brasileiros durante a votação de 2016 para o golpe parlamentar/impeachment aplicado ao governo Dilma Rousseff. No livro, os discursos são reconfigurados em versos. As declamações dos votos se tornam poesia. A memória daquele dia e do que vimos e ouvimos pela televisão é imediata. Falas pobres, vazias, farsescas, violentas, puro escárnio. Ao mesmo tempo, a forma poética em versos livres que jogam também com a espacialidade da página – ao ressaltarem, do lado direito da página, toda palavra que envolve conceitos como "nação" e "pátria" – não nos prepara para o conteúdo que está ali contido; pelo contrário, camuflam, sob a forma de poema, a matéria da qual são feitos os versos. Por meio dessa operação, *Sessão* causa uma pane no leitor, que se vê sem chão. O efeito é resultante do contraste brutal entre forma e conteúdo. E, curiosamente, há uma carga emocional altíssima no livro, dado que é impossível não se deprimir ao virar página após página e ver, mais uma vez, a crueza e a pobreza discursiva se manterem. É como se estivéssemos entrando em contato com aquelas palavras pela primeira vez, ao mesmo tempo em que restauram uma memória amarga. É como a memória de um trauma. Sabemos o que vem pela frente, mas, mesmo com essa consciência, não quer dizer que estejamos preparados. Seja o leitor um descontente com a queda de Dilma ou um entusiasta, é impossível não lamentar a baixa qualidade intelectual, moral e civil dos deputados. O passado é revivido como memória e diferença: há algo da lembrança afetiva que carregamos daquele evento, mas presentificado por meio de uma nova dor que se produz pela transparência que é efeito do texto publicado e lido.

    Enquanto a reproposição de conteúdos inteiros joga com a memória de maneira contundente, a composição de uma bricolagem ou *mash-up*, como os da série *MixLit* ou as googlagens de Angélica Freitas, estabelece uma relação mais líquida com a memória, como era de se esperar, já que são trabalhos compostos de diversas leituras picotadas. Tendo algumas delas publicadas em *Um útero é do tamanho de um punho*, as googlagens de Angélica Freitas, como o nome diz, são colagens feitas a partir do Google. Após realizar uma busca específica, a poeta colhe resultados listados pelo Google, os quais, como sabemos, são referenciados a partir de diversas páginas web que versam sobre os mais diversos assuntos e dirigidas a múltiplos públicos. E o poema de Freitas é feito do seu manejo com os resultados que ela seleciona. Já a série *MixLit*, que comecei a publicar em um blog homônimo em 2010, é feita de narrativas breves compostas da junção de trechos de diversos livros e autores diferentes, sendo a maior parte deles oriunda de romances, contos e poemas, sem que eu mesmo acrescentasse qualquer letra ou palavra para além das que podia copiar e colar. Esse tipo de prática parte de uma espécie de tendência à coleção: para realizar um *MixLit* não olho para um livro, olho para a biblioteca inteira. Assim como Freitas, que pesquisa não um site, um texto, mas uma série de links. Uma montagem parte de outra unidade de percepção que não a de um conteúdo inteiro. Há um aumento do escopo. Não é o livro, é a biblioteca. Não é o site ou o arquivo, mas os muitos links. Livros, abas: tenho opções diante de mim e operarei uma costura entre elas. Todos esses livros, vozes, páginas ou links ficarão ligados por um fio, formando um outro texto, possivelmente infinito, ligado por essa linha (mais ou menos tensionada) que conecta frases, parágrafos, diálogos, algumas palavras, sempre um fragmento. São esses elementos curtos que servirão ao trançar do fio coletivo que acontece em obras como *Ensaio sobre os mestres* e nos "3 poemas com auxílio do Google", de Angélica Freitas, como também em *MixLit* e em *Delírio de damasco*, de Verônica Stigger – ainda que neste último caso o fio seja mais solto. O livro de Stigger é uma reunião de fragmentos de conversas e falas ouvidas aqui e ali pela autora. Cada fragmento ocupa uma página e tem o seu lugar dentro de cada uma das cinco partes do livro. Não compõem poemas ou contos, o que aproxima o livro de Stigger mais daquilo que Flora Süssekind propôs como "objeto verbal não identificado". Tanto *Delírio de damasco* como *MixLit*, "3 poemas com auxílio do Google" e *Ensaio sobre os mestres* operam, ainda usando um termo de Süssekind, numa "lógica coral". O que se manifesta neles é um cruzamento de falas e fragmentos de diversas procedências, reunidas e reordenadas pelo autor-curador. Em *Delírio de damasco* e nos "3 poemas com auxílio do Google" há conjuntos de vozes anônimas, os quais Stigger e Freitas elevam para um sistema – literário – onde circulam com assinatura, qual seja, o nome de autora de cada uma delas. Já em *Ensaio sobre os mestres* e *MixLit*, não há falas anônimas, os trechos são colhidos de autores do sistema literário para retornarem em novos textos literários.

As novas tecnologias, como os dispositivos móveis e as redes e plataformas nas quais navegamos, geram novas formas de leitura e, se os escritores contemporâneos estão se formando como leitores nesse novo ambiente, a escrita também muda. Por isso, são tantas as reproposições e tão fluidas: estão em livros, blogs, colagens, exposições, ou em fanzines (como em *Firma*, de Bia Bittencourt, publicada pela Contra, que só edita fanzines) ou arquivos PDF (como em *Michael Temer has left the building*, de Guadalupe Amor e Rafael Cabral, da Shiva Press, que só publica online em seu tumblr) e arquivos PDF aliados a músicas hospedadas online, propostas como trilha sonora da leitura (como em *minha consciência*, de Raphael Sassaki e áudio por Emamouse, também da Shiva Press). Os escritores estão tomando sua bagagem de leitura e reformulando textos sob as condições dessa nova paisagem que vem se desenhando. Num estado de coisas em que a oferta cultural e textual é imensa – e que ironicamente é aumentada ainda mais pelos materiais não originais –, nós nos perdemos pela vasta quantidade de links, conteúdos e possibilidades. Por isso, a maneira como cada um lida com essa oferta, traçando seu próprio curso, fazendo suas escolhas, assim como os DJs dos *sound systems* jamaicanos, adquire ares de criação. Trata-se de outro tipo de criação: a invenção cede espaço para a seleção e a edição. A noção de originalidade cede à noção de recriação. A literatura, aqui, ganha ares de prática artística, questionando por dentro – não só pelo conteúdo do texto, mas pelo modo de produção e pela sua materialidade – o que é o próprio da literatura.

Ao perceber um grupo de obras de escritores/poetas/artistas contemporâneos, minha hipótese é a de que vemos hoje a participação da arte literária no rol daquelas chamadas de atividades de "pós-produção" por Nicolas Bourriaud. É uma situação estranha. Quando falamos de texto, a ideia de carimbar seu nome como autor que não escreveu aquilo que está assinando pode soar espantoso. Será roubo, plágio, será que a pessoa não tem capacidade de escrever algo por si mesma? – perguntam-se alguns.

Desde a expansão do texto por meio da prensa nos séculos XV e XVI, na Europa, quando a palavra deixa de ser veiculada majoritariamente por via oral ou escrita à mão, a literatura se cola à ideia de um autor individual que cria a partir de sua identidade singular, atestada pelo seu nome na capa do livro. Mas palavras, no limite, nunca são nossas. São heranças que nos passam sem que tenhamos a capacidade de recusá-las. Palavras nos chegam com sentidos predeterminados. Reorganizar, recortar, colar, remontar e deslocar são ações que têm justamente a intenção de quebrar o sentido predeterminado, em prol da experimentação, do testar de outros sentidos possíveis. A ideia conceitual da escrita *sampler* é abrir um sulco na escrita. O texto não é um condomínio gradeado – o sulco se abre e propõe novos fluxos textuais, musicais, visuais.[12]

Frederico Coelho e Mauro Gaspar chamam de "escrita *sampler*" aquilo que desemboca nessa literatura por apropriação. Uso o termo "apropriação" com maior frequência do que o termo *sampler* por ser, o primeiro, mais amplo do que o segundo. Ao falarmos de *sampler*, falamos da escrita que se compõe por aglutinação de fragmentos, mas a expressão deixa de fora a escrita gerada a partir da transposição de inteiros, conteúdos completos para o meio livro, e não apenas fragmentos. Como veremos, o uso de *samplers* ou de inteiros produz resultados textuais bastante diferentes.

Etimologicamente, a palavra "texto" quer dizer tecido, e a palavra "linha", um fio de um tecido de linho. Textos são, contudo, tecidos inacabados: são feitos de linhas (da "corrente") e não são unidos, como tecidos acabados, por fios (a "trama") verticais. A literatura (o universo dos textos) é um produto semiacabado. Ela necessita de acabamento. A literatura dirige-se a um receptor, de quem exige que a complete. Quem escreve tece fios, que devem ser recolhidos pelo receptor para serem urdidos. Só assim o texto ganha significado. O texto tem, pois, tantos significados quanto o número de leitores.[13]

Tomando a literatura como o "universo dos textos" sem, nesse momento, fazer uso de distinções de gêneros como ficção/poesia, creio poder dizer que as obras que veiculam o tipo de procedimento

---

12 Coelho & Gaspar, 2005, não paginado.
13 Flusser, 2010, p. 63-64.

de escrita que aqui nos interessa formam em conjunto uma "literatura por apropriação".

Recordemos que nem sempre "literatura" quis dizer "universo dos textos". No século XVIII, a literatura não era a arte dos escritores, era o saber dos letrados, aquilo que lhes permitia apreciar as belas-artes.[14] Como "belas-artes" entende-se, nessa época, a poesia e a eloquência. A literatura era o aprendizado de um conteúdo composto de regras técnicas e ajuizamentos de gosto que, uma vez adquirido, capacitava alguém a apreciar os recursos aplicados e julgar se os efeitos produzidos eram pertinentes ou não. A aula de literatura era, assim, um ensino das regras de apreciação. No século XIX, "literatura" deixa de designar um saber e passa a designar o seu objeto: a atividade do escritor e as obras de literatura. Acontece que, debaixo desse guarda-chuva chamado "literatura", o século XIX coloca principalmente obras de poesia lírica e romances. A poesia lírica situava-se à margem da grande poesia, segundo Rancière, da qual fariam parte a poesia épica e dramática, e o romance, à margem da eloquência. Ou seja: do século XVIII para o XIX mudaram completamente os objetos envolvidos nas aulas de literatura, apesar de o título "literatura" parecer cumprir uma continuidade.

Hoje, a expressão "literatura" está tremendo, eletrificada numa espécie de choque contínuo. Ela tanto pode se referir a um catálogo de textos de um campo específico do saber – por exemplo, a "literatura médica" – quanto a uma certa maneira de abordar e tratar a linguagem, à maneira da ficção, da poesia, do ensaio ou de determinadas reportagens jornalísticas que buscam fugir do padrão noticioso, como também pode indicar certo efeito ou inspiração literária em vídeos, músicas, performances, games, instalações e pichações ou grafites, entre outros fenômenos para os quais se tem usado a expressão "literatura expandida". Neste estudo usamos o termo "literatura" a partir do conceito de Flusser – "universo dos textos" –, fazendo, é claro, a ressalva de que tratamos de textos inseridos em circuitos onde os mesmos se apresentam como obras artísticas, de

---

14 Rancière, 1995, p. 25.

literatura de ficção, de poesia, de arte – textos com nome de autor. Outra ressalva, novamente, é a de que estamos falando de literatura muito mais a partir do seu modo de produção – ou seja, a partir dos procedimentos aplicados para que ela exista – do que a partir de um recorte que se inicia com o olhar no resultado, ou seja, sua categoria, seu formato, seu gênero literário.

Percebe-se que "literatura" trata-se de um termo aglutinador e móvel. Se do século XVIII para o XIX o seu sentido foi alterado, do século XIX para o XXI também foi. Uma coisa é certa: a ideia de "literatura" só pode mudar se também sofrem mudanças os conceitos de escrita e de leitura. Como sabemos, desde sempre a leitura implica ressignificação. A ressignificação por parte da operação de leitura, sendo algo que ocorre na imaginação do leitor, tem a característica de ser não comprovável para os outros. Ela é invisível, não pode ser explicitada para os outros, a não ser que esse leitor converse, fale, se mova ou escreva sobre ou a partir de suas interpretações que ressignificam o texto lido. Nesse caso, ele estará elaborando ressignificações a partir das palavras e gestos que lhe ocorrem. Já as operações de deslocamento e montagem são materializações de ressignificações por meio dos próprios objetos ressignificados. São ressignificações e também utilizações materiais dos dados ou documentos (livros, indexações, vozes, transmissões) preexistentes no mundo. Por que tais operações vêm ganhando cada vez mais terreno?

Pensemos as coisas, objetos e obras como sendo resultado de duas instâncias: produção e recepção. Se antes da Revolução Industrial um produto acabado poderia demorar meses ou anos para chegar a certo público receptor amplo, hoje as coisas são bem diferentes. Imagine um romance escrito por um europeu no século XVIII. Quanto tempo levou para chegar ao Brasil? Quantos meses ou anos levou até alguém ler esse livro, ou seja, recepcioná-lo e produzir algo a partir dele, seja um comentário, seja a sua tradução? Pois é. Hoje, livros de sucesso mercadológico mal são lançados num continente e já há pessoas com exemplares dos mesmos nas mãos a um oceano de distância ou até realizando suas traduções pessoais e as jogando online, para que novos leitores recepcionem a obra, agora traduzida de forma amadora. Essas condições levaram o pesquisador Eduardo Navas, autor de *Remix Theory*, a afirmar que as camadas de produção e de recepção se misturam atualmente como nunca antes. Para Navas, a recepção implica uma resposta, e a resposta é uma reprodução daquilo que havia sido produzido, sendo que essa reprodução pode alterar completamente o seu objeto original, conferindo a ele um outro sentido, diferente do previsto no momento da produção. Assim, pela materialidade da reprodução, o sentido original sofre um desvio.

Segundo Roger Chartier, a mudança de suporte em si já configura mudança de sentido. Quando vamos ao cinema, por exemplo, nós compramos os bilhetes, nos dirigimos até a sala, lá nos sentamos numa cadeira estofada, a luz se apaga e daí em diante entramos em contato com a projeção. O filme irá se dispor inteiramente, do início ao fim, para a fruição do espectador, exatamente da maneira como o diretor calculou que ele deveria ser e como a produção o liberou para nós, espectadores. Ficamos lá, grudados na cadeira e, se damos uma cochilada ou respondemos a uma mensagem no celular, já não podemos ver a cena que se desenrolou durante esse breve período. Não podemos interromper o fluxo. Não podemos fazer as imagens retornarem. Impossível alterar materialmente o filme. Essas são precondições da situação do espectador que vai ao cinema. Já ao assistirmos ao mesmo filme em *streaming* hospedado na web ou após baixarmos uma versão pirateada, nós o recepcionamos de maneira diferente. Se o baixarmos, o filme nos chegará sob a forma de um arquivo passível de armazenamento. Posso ver um filme de duas horas dividido em quatro turnos de meia hora. Posso ver só o início e o fim. Posso colocar legendas em espanhol, francês, alemão. O filme se torna um objeto de uso pessoal. O usuário faz dele o que bem quiser. Com um programa adequado, o arquivo pode ser desmembrado, separado, intercalado, dublado, acelerado... Enfim, torna-se disponível para uma série de ações, como as alterações nos diálogos do roteiro original, mencionadas anteriormente no exemplo do filme *A queda*. Um filme exibido no cinema e um filme como um arquivo hospedado na web ou em nossos computadores são modos de circulação completamente distintos, que alteram a forma como a obra é recebida. Passamos da lógica do sentido (fruir um filme no cinema) para a lógica do uso (utilizar um arquivo no computador pessoal). E é isso que permite, por exemplo, a existência de um filme como *Hell's Club*.

Tais movimentos, como dito anteriormente, fazem parte do que podemos chamar hoje de cultura remix. De hábito associada ao meio musical, a expressão pode designar todo tipo de atividade em que o que está em jogo é a pós-produção, o reprocessamento de um dado já existente, a aglutinação desses dados. Por isso, o remix: remisturar, reorganizar o(s) objeto(s) encontrado(s).

Na década de 1960, Roland Barthes questionou dois fundamentos de uma ideia de autoria. Primeiro, aquele de que o autor seria uma origem daquilo que é disparado por meio de seus livros. Segundo, o de que o autor e a sua vida seriam fontes para interpretar tais escritos. Barthes reformula as duas questões, afinal, para ele, o texto seria um "tecido de citações". De onde vem a chamada "voz" ou mesmo o "estilo" de um autor senão de tudo aquilo que o autor já leu, ouviu, viu, viveu? Quando o autor escreve, não estará fazendo uso de toda essa bagagem e experiência, que não são só dele? Como pensá-lo, então, como uma origem? Pela sua mão não passam palavras, frases, ideias, expressões que capturou dos outros? Sim, é claro, e por isso o autor não é uma origem do texto que ele veicula nem a biografia do autor pode explicar o seu texto. Vemos assim, em Barthes, um pensamento sobre a apropriação e a autoria. No entanto, a diferença do "tecido de citações" do qual ele fala para as práticas de apropriação das quais falamos aqui é que elas são uma espécie de radicalização no seguinte sentido: o tecido de citações se torna consciente, manifesto, declarado e entusiasmado – o texto torna-se, na prática e materialmente, *ready-made*. Não se trata de um tecido de citações feito à revelia ou inconscientemente pelo autor, ou algo que simplesmente acontece porque não poderia ser de outra maneira. Trata-se, pelo contrário, de uma tática muito bem definida e urdida, um gesto consciente de si, um ataque material, que copia e cola, e que pode nem se tratar de um tecido, mas de um deslocamento de objeto inteiro, sem colagem de fragmentos. Assim, entre o pensamento de Barthes e as práticas de apropriação contemporâneas há um diálogo estabelecido por uma continuidade via uma diferença.

Nos "3 poemas feitos com auxílio do Google", de Angélica Freitas, ou em *Ensaio sobre os mestres*, de Pedro Eiras, o tecido de citações não é resultado de uma inevitabilidade – o fato de necessariamente escrevermos com o que é nosso e dos outros. Aqui, o tecido de citações é fruto de uma atitude deliberada, consciente, tanto que se restringe a não fazer nada além do que a proposta determina.

Essa mesma atitude quando da realização do gesto da apropriação se expressa no livro *Tree of Codes*, do escritor Jonathan Safran Foer, e no livro *Nets*, da poeta e artista Jen Bervin. O primeiro, publicado em 2010, é uma narrativa que nasce de um texto original de 1934, *Street of Crocodiles*, coleção de contos interligados de Bruno Schulz. Nas páginas do livro, de apuro editorial impressionante, estão impressos os trechos de Schulz que Safran Foer selecionou para permanecerem na sua narrativa, e no lugar daqueles que Safran Foer optou por retirar estão buracos, recortes que deixam o espaço vazio. O trabalho de Jen Bervin, em *Nets*, parte de uma lógica semelhante. Ela parte de sonetos de Shakespeare, só que, em vez de escolher trechos que serão impressos no livro e outros que, excluídos, deixarão um vazio, Bervin faz um jogo de tonalidades. O texto integral dos sonetos de Shakespeare é impresso, mas algumas palavras do texto – as escolhidas, que formam o novo poema de Bervin – são impressas em cor preta, enquanto as outras aparecem na cor cinza. As palavras do poema de Bervin ganham destaque, claro, e o aspecto geral lembra algo relacionado à topologia, com palavras mais "altas" do que outras.

Tanto Bervin quanto Safran Foer não só leem e interpretam o que leram, mas alteram o que leram visível e fisicamente. O processo deles faz com que a leitura deixe de ser algo que se faz somente com os olhos para se tornar uma leitura com as mãos. Os *Blackout Poems* de Austin Kleon, feitos com notícias de jornal, passam pelo mesmo gesto de Bervin e Safran Foer: o do apagamento, que no caso de Bervin se transforma em realce. As diferenças entre as fontes – Shakespeare,

Bruno Schulz e jornais – resultam em jogos distintos com a questão da autoria, naturalmente, e disso trataremos mais adiante, mas a diferença entre os próprios processos fica logo clara: enquanto Bervin pós-produz o gesto do apagamento e deixa o texto original conviver com sua nova leitura, e Safran Foer recorta e deixa buracos – também numa pós-produção do gesto anterior, de rabiscar as palavras indesejadas com uma caneta –, Kleon apresenta, como resultado final, este gesto primeiro do apagamento: ele oculta trechos do texto original de maneira descomplicada e eficaz ao simplesmente cobri-los com uma caneta preta, no que restam visíveis apenas as palavras que escolhe para compor a sua escrita-leitura. Por isso, Kleon, autor de *Roube como um artista*, espécie de apresentação das suas ideias com pegada popular, se intitula um "escritor que desenha", embora não se possa chamar exatamente de desenho aquilo que ele faz, e sim de alterações por meio de traços ou rabiscos. São sinais, contudo, de uma leitura tátil, assim como em Bervin e Safran Foer. Do ponto de vista da produção, todos encaram o texto em sua encarnação original com o desafio de dobrá-lo e desdobrá-lo até que dali se consiga arrancar uma outra poesia ou narrativa dos textos que lhes ofereceram prontos. São hackers do texto original. Invasores de discursos. Leitores-autores.

Segundo Wolfgang Iser, a relação texto–leitor difere do modelo da interação social entre seres humanos porque o texto não pode sintonizar, ao contrário da relação diádica, com o leitor concreto que o acompanha. Ou seja, não há como texto e leitor, ambos, terem certeza de que estão estabelecendo uma conversa em que um compreende o outro. É uma relação em que pode não haver compartilhamento de um quadro de referências semelhantes. Por isso, Iser diz que o leitor nunca retirará do texto a certeza explícita de que a sua compreensão é justa.[15] Como o texto não fala com o leitor – a não ser de maneira metafórica –, o único que pode vagar por múltiplas interpretações – que o texto lhe provoca – é o leitor.

Para Roman Ingarden, considerado o pai da chamada "estética da recepção", corrente de pensamento da qual Iser também faz parte, os trechos de uma obra literária que requerem, mais do que ou-

---

15 Iser, 1979, p. 87.

tros, intensa participação no estabelecimento de suas interpretações possíveis, ou seja, uma percepção das possibilidades de preenchimento do seu sentido, são os chamados "pontos de indeterminação". Para a estética da recepção, o leitor é partícipe do efeito da obra. A sua dose de investimento ou dedicação a ela afetará o resultado daquele encontro. Ao mesmo tempo, estabelece-se assim uma relação assimétrica entre texto e leitor. Como dito anteriormente, o leitor é aquele requerido, num ponto de indeterminação, a flutuar entre diferentes perspectivas textuais que o texto lhe sugere. Nisso, o leitor atualiza as potencialidades que o texto oferece a ele. No entanto, o texto permanece o mesmo. Ou seja, o único que muda é o leitor. Não se estabelece uma interação simétrica.

O recorte, a supressão, a bricolagem ou o *mash-up* de textos são procedimentos que quebram a assimetria na relação texto–leitor. Quando um leitor oculta trechos de um livro e assim estabelece um novo texto, como no caso de *Tree of Codes*, acontece uma interação em que ambos são alterados: verdadeira conversa. O original não será mais o mesmo texto: será um novo texto, um segundo texto. Haverá nele parte do seu texto original. Entretanto, uma diferença terá se instalado pelo leitor que, ao estabelecer essa diferença, torna-se também autor. Será ele um autor que se escreve pelas palavras registradas originalmente em nome de outro.

Ao invés de tomar a palavra, gostaria de ser envolvido por ela e levado bem além de todo começo possível. Gostaria de perceber que no momento de falar uma voz sem nome me precedia há muito tempo: bastaria então que eu encadeasse, prosseguisse a frase, me alojasse, sem ser percebido, em seus interstícios, como se ela me houvesse dado um sinal, mantendo-se, por um instante, suspensa. Não haveria, portanto, começo; e em vez de ser aquele de quem parte o discurso, eu seria, antes, ao acaso do seu desenrolar, uma estreita lacuna, o ponto de seu desaparecimento possível.[16]

Aqui, Michel Foucault se refere à fluidez da linguagem e ao posicionamento do emissor, não como um ponto inicial de uma emissão, mas como alguém no entre – no meio de algo que já existia e

---

16 Foucault, 2012, p. 5-6.

pelo qual ele navegará. Um lugar onde algo acontece e que pede disponibilidade para permitir que esse algo aconteça. Não se trata de uma posição passiva, pois a experiência de estar no meio, no entre, só se dá quando a pessoa se apropria dela, toma-a para si, como um elemento da sua constituição. É preciso estar aberto ao outro para fazer das palavras dele as nossas.

Quando comecei a selecionar e editar trechos de livros diferentes, a intenção era, por meio da montagem, gerar uma nova narrativa. Eu me imaginava numa espécie de laboratório, realizando uma investigação descompromissada, mobilizado pelo desejo de desafiar os métodos convencionais de leitura e verificar em que aquilo poderia resultar. Para a manutenção desse desejo contribuía o exercício físico da transcrição. De caneta em punho, eu sublinhava o texto do livro do autor original, depois pulava para o computador e transcrevia os trechos sublinhados para um arquivo de texto. Ali descobri o prazer que há em copiar trechos que nos tocam. Sentir algo tão bem escrito, tão bonito ou tão contundente, passar por nossas mãos... se materializar por nossas mãos. Como não fui eu quem o escrevi?, questiona-se bobamente em seguida. Mas foi feito para mim, conclui-se. Transcrições e citações nos remetem a esse prazer, uma espécie de descoberta que é também uma redescoberta. Durante o movimento da transcrição, o texto parece ganhar força. Começa como uma repetição e termina como um desvelamento – da respiração do texto, do seu andamento, da associação entre as palavras, da precisão da ideia que ela comunica etc. Walter Benjamin pôs a questão – quem conhece melhor o caminho: o andarilho que por ele anda ou o aviador que o sobrevoa? A leitura seria um sobrevoar as palavras, e o transcrever, o sublinhar, o destacar, o reescrever, variações de uma espécie de caminhada pelas palavras, sentindo na sola dos pés as suas sinuosidades. O exercício da cópia como uma prática de escrita.

Quantos grupos musicais iniciam sua carreira executando covers? E quantos grupos ou cantores, mesmo já estabelecidos, não deixam de presentear suas plateias com covers? Covers são versões de músicas que já existem. Tocar um cover, para um músico, não é importante apenas para animar uma plateia que não conhece suas músicas próprias ou para homenagear um ídolo ou referência. É importante para o músico conhecer melhor aquela música que ele aprecia – como se ela saísse de suas mãos. Tocando-a, o músico pode compreender de forma mais íntima a sua lógica, a sua dinâmica, seus acentos e silêncios, seu ritmo. Mais importante, ao tocar a música dos outros, é o músico fazer com que seu corpo pegue o jeitão daquilo que ele aprecia. Por que não fazemos isso com a escrita? Por que, em oficinas literárias, alunos não são instigados a copiar cinco páginas dos seus livros preferidos? Pudor? Ideal da voz original que já teria nascido em cada indivíduo?

A função da escrita é reunir as leituras e transformá-las num corpo. Um corpo que não deve ser entendido como um corpo de doutrina mas como o próprio corpo de quem escreve, daquele que soube ler e montar o que leu. Escrever seria, então, apossar-se não de uma verdade prévia e universal, mas de uma verdade particular, pessoal, construída no exercício cotidiano da leitura. E fazer dessa verdade algo marcado na própria alma e vivido como se fosse o corpo de quem escreve. Trata-se de um jogo: jogo das leituras escolhidas e da escrita assimiladora.[17]

Literatura como jogo de leituras e escritas: "Reunir as leituras e transformá-las num corpo." A apropriação como uma experimentação da escrita dos outros se aproxima do que Flávio Carneiro chama de "escrita assimiladora", uma escrita que só se pode fazer quando o autor se tornar consciente da reunião de leituras presente em si e que por meio da sua escrita se manifesta. Mas assimilar é diferente de copiar ou transcrever. O processo de assimilar é algo que se dá na entidade autor – seja na sua subjetividade, seja no seu corpo – que absorve ou incorpora algo para si. Quando digo "eu assimilei isso", quero dizer que algo que não estava comigo agora está comigo. Os gestos de copiar, colar, transcrever – como proposta de uma obra artística ou literária – são radicalizações dessa ideia, pois já não importa tanto se o autor assimilou ou não aquilo que copiou, importa que ele está propondo como obra algo que foi copiado. Quando assi-

---

17 Carneiro, 2001, p. 48.

milo algo e passo a escrever a partir dessa assimilação, a escrita que se produz é, materialmente, nas suas letras, versos, frases, "minha", mesmo que inconscientemente eu repita algo do que já li. Já quando copio algo, reescrevendo-o numa folha de papel, esse algo – como matéria, como manifestação gráfica, como um encadeamento específico de palavras – não é só meu.

A oscilação entre emissor e receptor – ou os deslizamentos entre autor e leitor – aponta para o que Vera Follain de Figueiredo caracteriza como dissolução das antíteses entre o que consideramos polos opostos, ou, se quisermos, para a indiscernibilidade dos contrários, em consonância com o acirramento do impulso crítico que coloca em questão as certezas canônicas da metafísica ocidental.[18] De fato, a apropriação e o deslocamento indicam que autor e espectador dialogam a tal ponto que compõem, juntos, uma figura só, não estando mais em lados opostos. Já não são mais tão explícitos o lugar e o papel de cada um. É o próprio estatuto do autor e do espectador que está em jogo. Assim como as divisões entre o "literário" e o "não literário", a poesia e a antipoesia, a música e o ruído. Indiscernibilidade entre contrários. A não literatura como parte da literatura.

As artes plásticas chegaram a esse deslizamento, como já dito, com Picasso, Braque e Duchamp. Este último afirmou que o artista faz qualquer coisa, um dia é reconhecido pela intervenção do público, a intervenção do espectador; passa assim, mais tarde, à posteridade. Não se pode suprimir isto, pois, em suma, trata-se de um produto de dois polos; há o polo daquele que faz uma obra e o polo daquele que a olha. Dou tanta importância àquele que olha como àquele que faz. Naturalmente, nenhum artista aceita esta interpretação. Mas, afinal de contas, o que é um artista? É tanto o fabricante de móveis, como Boulle, como o indivíduo que possui um "Boulle". O Boulle também é feito da admiração que se lhe atribui. As colheres de madeira africanas não eram nada no momento em que foram feitas, eram apenas funcionais; transformaram-se depois em coisas belas, "obras de arte". Você não acredita que o papel do espectador

---

18 Figueiredo, 2003, p.12.

tem certa importância? [...] É o espectador que faz os museus, que estabelece os princípios do museu.[19] Em vez de separá-los em dois lados estanques – o do artista e o do espectador –, Duchamp enxerga a arte como um trabalho em colaboração, assim como a estética da recepção o faz em relação à literatura – só que, na arte de Duchamp, o grau de liberdade de interpretação é maior do que aquele pensado, na literatura, por Ingarden ou Iser. Duchamp retira de si, como artista, o papel de ser o responsável pelo que a sua arte é. Divide os resultados e consequências entre ele e os espectadores apreciadores e pensadores das coisas que ele apresentou, e aqui a maior parte da responsabilidade na doação de sentido não é do artista. O seu trabalho abala as fronteiras entre produtor e receptor justamente porque as coisas que ele apresenta não foram coisas que ele produziu, mas coisas que ele observou e sobre as quais pensou, assim como o "público" fará depois que ele as apresentar. Ou seja, a atitude que teve com a origem de seu trabalho é semelhante à atitude que o público terá quando essa origem não for mais uma origem, mas um segundo uso. Assim, nas artes plásticas, houve o deslizamento das fronteiras entre emissor e receptor, e entre o artístico e o não artístico. Agora, o que era ruptura parece estar compondo uma nova tradição. A tradição do roubo, do saque, da reescrita, do pós-poético, da não criatividade, do copiar e colar, da transcrição, das práticas de apropriação.

Minha hipótese é que esses gestos surgem hoje, de forma quase ubíqua, no ambiente textual em dois sentidos principais. Primeiro, a escrita deixou de ser algo que se faz com papel e tinta. Parece óbvio dizer isso, mas faz menos de meio século que passamos a escrever primordialmente com a ponta dos dedos, empurrando teclas do computador ou do celular ou smartphone. Nossa mão não mais acompanha lateralmente e descende a cada linha o gesto da escrita. Não há mais uma dança da mão no papel, nem mesmo uma questão espacial. Ou melhor, a questão espacial agora é de espaço de armazenamento, empilhamento digital. Não se trata de superfície,

---

19 Duchamp, 2009, p. 110-111.

mas de virtualidade. Não há finitude num arquivo de processador digital de texto. Sempre temos mais arquivo a ser preenchido, uma nova página que poderá ser ocupada, não há fim, não há contorno, diferentemente de um papel, onde precisávamos escrever com uma letra menor, por exemplo, quando nos aproximávamos do seu limite ou, então, para aproveitar os espaços para algo que ficou faltando, escrever numa outra direção, nas laterais. São gestos que se tornaram raridade. Agora apertamos teclas preenchendo espaços infinitos e movendo blocos de texto. Não se escreve apenas no ambiente digital, porém. Escrevemos no corpo, na parede e outros meios (a própria cultura do grafite e da pichação, que podem ser considerados escritas, explodiu só dos anos 1960 para cá, mesma época em que, nos Estados Unidos, surgiu a denominação *graffiti writers*). Para cada suporte, materiais diferentes, grafias diferentes, recursos e possibilidades diferentes. Escrever tornou-se uma ação não específica quanto ao seu modo de fazer. A literatura por apropriação questiona o que é escrever e, portanto, o que é ser autor de um texto. Ela modula novas "funções-autor".

O segundo ponto da minha hipótese é o seguinte: a literatura por apropriação opera como uma reação ao excesso de textos – e de discursos, de imagens etc. – no mundo. A onda de informação que nos alcança em qualquer lugar por conta dos aparelhos móveis e portáteis – não só os que carregamos nos bolsos e bolsas, mas os que estão nos elevadores, nos ônibus, nos outdoors – nos leva a um sentimento de exaustão: estamos soterrados em discursos. A web trouxe uma noção sem precedentes do quanto de texto há no mundo, o quanto temos à nossa disposição e o quanto se produz a cada dia. Em meio a tanta falação e gritaria, para que dizer algo mais? O que dizer? E como? Ou só nos resta abaixar entre as rajadas de informação e esperar que não nos atinjam? Ao realizar o gesto da apropriação, um escritor aceita que esse contexto é uma realidade, e reage: a massa pesada não nos calará; pelo contrário, nós falaremos com ela. É preciso traçar percursos por entre essa massa para criar algum sentido pessoal ou espelhar de outra forma o que ela produz. Dessa maneira devolvemos o texto lido e consumido, porém com o sentido que nós queremos conferir, e não o original. Assim, sem nos isolar numa caverna ou emudecer nem reagir apenas com a presença – pois os corpos também se encontram em exaustão –, fazemos parte da comunidade e conseguimos não ficar soterrados pelos discursos incansáveis.

Os textos estão por todos os lugares e podem ir de um local a outro muito rapidamente. As multifunções que são operadas num computador ou num smartphone facilitam o deslizamento ao reunir, num único suporte, vídeos, músicas, fotos, textos e outros materiais. Na tela, formatos diversos são abertos uns ao lado dos outros ou, ainda, são tratados juntos num mesmo programa, como os de edição de vídeo, que aceitam música, imagem e texto. Quando um formato desliza sobre o outro quebra-se a rigidez das fronteiras. Juntam-se autorias diferentes, materiais poéticos e não poéticos, cinematográficos e não cinematográficos, literários e não literários etc.

Assim, é fundamentalmente a própria noção de "livro" que é posta em questão pela textualidade eletrônica. Na cultura impressa, uma percepção imediata associa um tipo de objeto, uma classe de textos e usos particulares. A ordem dos discursos é assim estabelecida a partir da materialidade própria de seus suportes: a carta, o jornal, a revista, o livro, o arquivo etc. Isso não acontece mais no mundo digital, onde todos os textos, sejam eles quais forem, são entregues à leitura num mesmo suporte (a tela do computador) e nas mesmas formas (geralmente as que são decididas pelo leitor). É assim criada uma continuidade que não mais distingue os diferentes gêneros ou repertórios textuais que se tornaram semelhantes em sua aparência e equivalentes em suas autoridades. Daí a inquietação de nosso tempo diante da extinção dos critérios antigos que permitiam distinguir, classificar e hierarquizar os discursos. Não é pequeno seu efeito sobre a própria definição de livro tal como o compreendemos, tanto um objeto específico, diferente de outros suportes do escrito, como uma obra cujas coerência e completude resultam de uma intenção intelectual ou estética. A técnica digital entra em choque com esse modo de identificação do livro pois torna os textos móveis, maleáveis, abertos, e confere formas quase idênticas a todas as produções escritas: correio eletrônico, bases de dados, sites da internet, livros etc.[20]

Ao colocar lado a lado, no mesmo suporte e sob a mesma forma de apresentação, textos de naturezas diferentes (como "carta", "ficção", "artigo", "anúncio", "lista de compras"), a distinção entre eles por qualquer categoria externa ao próprio texto como uma sequência de letras e palavras é enfraquecida. A diferenciação por suporte simplesmente desaparece. Em um computador, do ponto de vista da distribuição e do suporte, a obra literária tem o mesmo status de um convite de casamento. Foucault nos diz que a construção de um "autor filosófico" não se dá da mesma maneira que um "poeta", assim como, poderíamos acrescentar, um "cientista" não se constrói da mesma maneira que um "romancista". Nem sempre uma editora que publica livros científicos publica romances. Uma revista que faz resenhas de livros de poemas nem sempre faz resenhas de livros de filosofia. A capa de um livro de teologia é diferente da capa de um livro de quadrinhos. Um livro de contos não é comentado no mesmo simpósio ou congresso em que se comenta um livro sobre economia. São instâncias diferentes que fazem circular e legitimam os nomes de autor. Acontece que, no ambiente digital, esses elementos que marcam diferenças se apagam. Quando recebemos em PDF o capítulo de um livro, ou seja, uma parte do livro, isso nos impede de ver a capa, de ver a biografia do autor. É o mesmo quando lemos um texto compartilhado por alguém numa rede social, que nos chega apenas com uma referência – a validação de quem o copiou ou fotografou e compartilhou. Assim como os textos de naturezas diferentes tornam-se mais indistintos, os nomes de autor têm sua carga de diferenciação reduzida, pois temos menos chances de reconhecê-los somente pelo material que chega a nós.

Os trabalhos de Kenneth Goldsmith, como *Traffic*, *The Weather*, *Sports* e *Day* – todos feitos de transcrições de conteúdos originalmente informacionais, de rádios e jornais, para o meio livro – se inserem exatamente nesse lugar: a indistinção produzida no ambiente digital é trazida para o meio material. Um livro pode ser o suporte

---

20 Chartier, 2002, p. 109-110.

tanto de uma história ficcional quanto de uma edição completa de um jornal diário ou, ainda, o suporte para a transmissão (agora em texto) de dois dias de boletins sobre o andamento do trânsito em Nova York. A natureza do suporte e a do conteúdo que se afigura nele entram em discussão. Não há um suporte específico para o áudio. Pode ser o ouvido do receptor, pode ser o *hard drive* de Kenneth Goldsmith, pode ser um arquivo de Word em seu computador e, se transcrito, pode ser um livro. Boletins de trânsito completos... nada mais que isso. Seria isso material digno de ocupar um livro inteiro? Goldsmith adota a indistinção de suportes do meio digital como tática artística. Se o computador nivela todos os arquivos de texto em formato digital, Goldsmith nivelará textos – procedentes de diferentes universos – no formato livro.

Já *Delírio de damasco*, "3 poemas feitos com auxílio do Google" e a série *MixLit* são compostos pela aglutinação de palavras colhidas. Uma obra textual que inclua diversas fontes torna porosas as suas margens, pois aponta para o fora de si. E ainda abre a possibilidade de outras fontes caberem dentro dela. Torna-se assim maleável, como se fosse, na prática, uma obra eternamente inacabada. Poderia continuar se servindo de novas fontes, editando-as, jogando-as para dentro de si. A respeito da ficção de Rubem Fonseca, repleta de citações, Vera Follain de Figueiredo diz que o jogo constante de remissões a outros textos fluidifica as margens que delimitariam a sua interioridade.[21] Para o *mash-up* ou a bricolagem, vale o mesmo. No entanto, não é certo que podemos chamar o que acontece nesses tipos de obra de "remissões a outros textos". O que parece mais provável é que essas obras "presentifiquem outros textos", já que não apenas remetem a eles. Elas *apontam* para outros textos externos a elas, mas, além disso, elas *são*, em parte, os próprios outros textos.

---

21 Figueiredo, 2003, p.12.

RECONFIGURAÇÕES

Ainda se procura pela grande nova estrela da música, o grande novo ator de cinema, o grande romancista do país. Não se encontra. O "grande", no contexto cultural da segunda metade do século XX, tratava-se de um nome em torno do qual havia concordância de boa parte dos meios midiáticos e do público. Para que houvesse um "grande" era necessário que os meios produtores e os meios midiáticos compartilhassem das mesmas premissas, entre si e com o público. Isso não acontece mais. Os meios que se sustentam desde aquela época até agora já não exercem a força que exerciam em termos de sugestão de um único nome para ocupar o lugar de "grande". Hoje temos vários pequenos veículos, cada um com suas premissas. Passou a época de um grande acordo geral em torno de um nome supremo, com tudo o que o estereótipo de um "grande" deve ter. Com a perda de poder dos grandes jornais e canais de televisão, e a mudança do principal recurso de informação para a web e as redes e comunidades sociais, o que há hoje – ainda não sabemos até quando – é uma multiplicidade de fontes possíveis. Resulta, assim, em maior variabilidade de percursos disponíveis para se adquirir uma informação ou conhecer melhor certo assunto.[22]

---

22 Variabilidade que, no entanto, se reduz quando nosso uso do ambiente digital se restringe a frequentar uma, duas ou três redes sociais.

Na minha adolescência, durante os anos 1990, todos os meus amigos conheciam os nomes das minhas bandas preferidas porque, gostassem eles ou não, essas bandas apareciam nos jornais, na televisão, lançavam CDs que apareciam nas lojas, e todos nós tínhamos contato com as mesmas fontes de informação. Hoje, um amigo me fala o nome de cinco bandas que tem escutado, e eu não conheço nenhuma. Ele trilhou um caminho informacional diverso do meu. Recorreu a outras fontes, às quais eu não recorri. É possível até que, ao falar com ele, eu estivesse ouvindo pela primeira vez não só os nomes das bandas como também os nomes das fontes por meio das quais ele chegou a conhecer essas bandas. Estimulando a busca e a realização de um percurso único pessoal, de modo diferente da programação gradeada da televisão, o surgimento da rede gera novas formas de saber. A partir desse novo contexto, deduzimos novos modos de produção. Assim como novos modos de recepção. A leitura e a escrita entram nesse barco. Por isso, Eduardo Navas afirma que nunca antes os modos de produção e de recepção estiveram tão próximos, alimentando incessantemente um ao outro.

Para ilustrar essa retroalimentação entre os polos de produção e consumo, Navas imagina um gráfico com duas camadas. A primeira camada é aquela dos materiais novos que são introduzidos no mundo. Com "materiais novos" entende-se: um novo filme, programa, teoria científica. Objetos distintos um do outro, cada um com sua especificidade, produzidos a partir de duas etapas: pesquisa e desenvolvimento. Usando os conceitos de mimese I, II e III de Paul Ricoeur, essas duas etapas (pesquisa e desenvolvimento) seriam algo semelhante à mimese I (fábula/mundo/prefiguração). Quando o produto está pronto, equivale à mimese II (*sjuzet*/discurso/configuração). Voltando ao esquema de Eduardo Navas, aquele com duas camadas na qual a primeira é a de produção, a segunda camada é aquela que se revela quando esse novo material (novo produto) adquire valor cultural – passando a circular por certo número de pessoas que compõem determinados grupos. Essas pessoas se apropriam daquele material novo e o reintroduzem na cultura de diferentes maneiras: comentando aquele material, criticando-o ou remixando-o (todos atos de citação). Essa é a camada que representa a mimese III (recepção/apropriação/refiguração).

As duas camadas, de produção e recepção, passaram por diferentes fases. Antes da Revolução Industrial, a distância entre as duas camadas era longa. O espaço temporal entre o momento em que um novo material era introduzido no mundo e o momento em que esse material adquiria valor cultural, sendo reutilizado e reintroduzido na cultura, plasmava-se num tempo extenso. De fato, essa distância temporal era tão extensa que dificultava a percepção dos reaproveitamentos. Não se podia estar certo de que determinado material, com aspecto de novo, era um reaproveitamento de outro anterior ou de que um produto não era "original", e sim uma reprodução. O tempo entre a introdução do material no mundo, a valorização cultural dele e a reintrodução por meio de seus receptores/apropriadores apagava esses sinais. No início do século XX, já depois da Revolução Industrial, com a aceleração do tempo, das máquinas, com o aumento da eficiência produtiva e com o desenvolvimento de meios de comunicação mais ágeis – diminuidores do tempo de espera –, as duas camadas teriam passado a se tocar, o que é uma marca do modernismo, como podemos ver na obra de Kurt Schwitters, por exemplo. Mal os bilhetes de trem haviam sido emitidos, já figuravam numa obra de Schwitters. E, de lá para cá, essa troca entre as camadas de produção e recepção só aumentou.

No chamado pós-modernismo teria se cristalizado a percepção de uma relação entre as duas camadas. Tornou-se evidente que havia uma reciclagem de materiais acontecendo, clareza essa advinda também de incontáveis análises das obras de Duchamp, de pinturas-colagens de Picasso, da poesia de T.S. Eliot ou de Joaquim Sousândrade, entre tantos outros. Hoje, a nuvem entre as duas camadas se trata de imenso conjunto agregador, praticamente apagando os terrenos que eram exclusivos de uma ou de outra. O diálogo e a troca entre as duas se tornou frequente e eficiente. A primeira camada, onde a rigor se dão pesquisa e desenvolvimento, pode hoje ser testada quase imediatamente. A equipe de produção de um filme lança ao mundo um trailer desse filme ou uma pequena sequência, um clipe, e, a partir das mídias sociais, o fragmento já terá uma recepção e poderá ser apropriado para uma reutilização. Por meio dessa recepção, a fonte produtora do filme original repensa, confirma, altera, enfim reorienta a continuação do processo de produção e distribuição do seu material. Ou seja, parte do filme terá sido recepcionada e apropriada antes mesmo de o filme ficar pronto. A refiguração, ativada por aqueles que travaram contato com parte da obra, provoca mudanças na configuração dela, desligando-a assim de sua prefiguração inicial, para usar os conceitos de Paul Ricouer. É a desestabilização total das categorias separadas de mimese I, mimese II e mimese III. Uma quebra na teoria clássica que coloca emissor de um lado e receptor do outro, e uma mensagem (fixa) no meio. Dessa forma, o que poderia ser considerado um trabalho "original"? Que tipo de obra se poderia dizer filha de um gênio criativo individual?

Em literatura, na escrita tradicional de punho próprio, o momento da montagem é muitas vezes fruído por escritores quando estão revisando o seu próprio trabalho. É o momento em que tudo está lá e ele precisa decidir o que fica e o que sai, se o que está lá fica no mesmo lugar ou muda para antes ou depois etc. É o momento em que o escritor precisa ver seu trabalho como o trabalho de um outro, ter os olhos do leitor, não do escritor, e assim poder fazer a pós-produção do material bruto, como eliminar os excessos. Antoine Compagnon chama isso de "segundo tempo da escrita". Diz ele: Gosto do segundo tempo da escrita, quando recorto, junto e componho.[23] O momento de pós-produção da escrita.

O escritor, nesse contexto da pós-produção, olha para o seu trabalho como se fosse uma apropriação que então necessita de acabamento. Afinal, "escrever é cortar palavras", como disse Carlos Drummond de Andrade. Como disse João Cabral de Melo Neto. Como disseram outros e mais outros escritores. Será, entretanto, que escrever e cortar é tão diferente de selecionar e lapidar?

Escrever, seja de punho próprio ou por meio da apropriação, é escolher o que deixar de fora. Se é uma questão de simplesmente

---

23 Compagnon, 2007, p. 11.

cortar e colar a internet inteira num documento de Microsoft Word, então o que se torna importante é o que você – o autor – decide escolher. O sucesso depende de saber o que incluir e – mais importante – o que deixar fora,[24] diz Goldsmith. Mas não se trata apenas de obras feitas de texto. Qualquer obra de arte opera com a criação de um enquadramento. Algo que deve ficar dentro, enquanto outras coisas ficam fora. Mesmo uma performance, dentro de um museu, acontece porque alguém escolheu que ela devia acontecer entre quatro paredes, separada da rua. Já dizia Michelangelo: "Dentro da pedra já existe uma obra de arte. Eu apenas tiro o excesso de mármore!" Para o escultor e pintor italiano, há algo anterior à obra, algo como uma massa de modelar, um produto em excesso, que precisa da mão do homem, da seleção e da exclusão para que se transforme em obra. É preciso serrar a pedra e deixar apenas o que constituirá o formato da obra. No caso do autor apropriador, é preciso saber, a partir do excesso de material existente, o que selecionar e trazer para dentro do seu trabalho, deixando de fora o que não faz parte. A diferença é que Michelangelo trabalhava em cima de uma matéria-prima, transfigurando o mármore, por exemplo. Já para o autor-apropriador, a massa de modelar é um material de segunda mão, como um arquivo. Para Nicolas Bourriaud, a pergunta artística não é mais: "o que fazer de novidade?", e sim: "que fazer com isso?". Dito em outros termos: como produzir singularidades, como elaborar sentidos a partir dessa massa caótica de objetos, de nomes próprios e de referências que constituem nosso cotidiano? Assim, os artistas atuais não compõem, mas programam formas.[25]

A quantidade enorme de informação joga no nosso colo a questão sobre como lidar e como produzir a partir dela. No entanto, a atividade artística contemporânea não parte apenas de uma reação a esse montante imensurável. Uma das perguntas artísticas ainda é: "O que fazer de novidade?" Não exatamente posto dessa maneira, mas da maneira como Marcel Duchamp questionou: "Como fazer

---

24 Goldsmith, 2011, p. 10. Tradução minha.
25 Bourriaud, 2009, p. 13.

diferente?" Não chegar necessariamente a um resultado diferente, mas elaborar um processo, um modo de fazer menos explorado. Como afirma Alberto Pucheu, o artifício atual, pelo menos tal qual aqui pensado, não prima por um exibicionismo técnico de quem poderia fazer qualquer coisa ou se servir de qualquer forma ou qualquer assunto indistintamente, mas existe de um modo a, diante da infindável multiplicidade, assumir a singularidade extrema eclodida no fazer.[26]

Os poemas de "3 poemas com auxílio do Google" podem ou não ser melhores poemas do que outros poemas presentes em *Um útero é do tamanho de um punho*. No entanto, são diferentes no seu modo de fazer. Introduzem uma diferença artística em meio aos outros, tanto que eles têm uma parte dividida no livro só para eles – a autora não procura ocultar o procedimento utilizado. *Sessão*, de Roy David Frankel, pode não ganhar nenhum prêmio como melhor livro de poesia lançado no Brasil nos últimos anos. Mas, certamente, é um marco pela sua proposta ousada e seu efeito devastador, tão irônico quanto depressivo – quem lê os poemas um após o outro não tem como ficar indiferente. *Delírio de damasco* pode não ser o melhor livro de Verônica Stigger, mas estabelece uma diferença em meio aos outros livros de sua obra como escritora. O mesmo vale para *Tree of Codes*, de Jonathan Safran Foer, autor de romances muito bem recebidos por público e crítica antes de gerar seu trabalho de pós-produção. Todos eles perguntam: como exercer uma outra forma de escrever?

Não se trata de criar obras melhores ou de superar os predecessores. O campo artístico, televisivo, audiovisual ou literário não é mais uma barreira a ser superada como nos tempos de "angústia da influência" de Harold Bloom. O estoque artístico e cultural é utilizado, sim, como uma loja cheia de peças e ferramentas para usar, arquivos de dados para manipular, reordenar e lançar. A tradição literária é aliada e deve ser utilizada, inclusive para se enriquecer do não literário, sejam os discursos políticos, seja o que se ouve pela

---

26 Pucheu, 2014, p. 81.

rua, os comentários na web etc. Trata-se de tomar todos os códigos da cultura, todas as formas concretas da vida cotidiana, todas as obras do patrimônio mundial, e colocá-los em funcionamento.[27] Para Bourriaud, aprender a usar as formas é tomar posse delas, invadi-las, habitá-las.

Para o escritor argentino César Aira, ao compartilharem o procedimento, todas as artes se comunicam entre si: comunicam-se por sua origem ou por sua geração. E ao remontar-se às raízes, o jogo começa de novo.[28] O jogo sendo reiniciado é o jogo da identidade do autor, da escrita e da especificidade dos conteúdos. O jogo se reinicia com as perguntas: O que é um autor? O que é escrever? Qual a diferença entre escrever e compor uma escrita? O que diferencia um poema e comentários na web? É só a forma? A escrita de apropriação causa esse reinício de jogo.

Estamos vivendo a reconfiguração de certos papéis. O leitor, o autor, o artista, o editor, o curador. O que provoca essa reconfiguração? O excesso de material pode ser um elemento, a tecnologia, outro, e ainda o esgotamento de fórmulas e formatos. César Aira acredita que as vanguardas apareceram quando a profissionalização dos artistas foi consumada. Diz ele que, por conta disso, foi necessário começar de novo. Quando a arte está estabilizada, aceita e em circulação, tudo o que resta é continuar fazendo obras. Por exemplo, há o formato romance na arte da escrita – ele foi aceito e agora tudo o que resta é seguir produzindo romances. Segundo Aira, essa situação gerou a vanguarda, que veio como um mito que retoma as origens – a não diferenciação entre arte e vida, a não especialização entre tipos diferentes de artes e saberes – para questionar o estabelecimento do que foi aceito e fazer algo diferente a partir das origens. Hoje, teremos chegado a um momento de exaustão e esgotamento das fórmulas, e assim caminhamos em direção a um outro início? A tecnologia – como uma novidade que exige a passagem de tudo o que já foi feito em outros suportes para um novo suporte, o universo

---

27 Bourriaud, 2009, p.14.
28 Aira, 2007, p. 17.

digital – estaria nos dirigindo a um retorno aos procedimentos de origem? Certamente, ela nos tem obrigado a um recomeço que, ao mesmo tempo, não deixa de ser uma retomada das vanguardas, ou seja, uma continuidade singular. Ao pensar a poesia contemporânea, e mais especificamente o jogo que Leonardo Gandolfi estabelece com Carlos Drummond de Andrade, Alberto Pucheu diz que pós-vanguardista e com fortes doses de pensamento e experimentações, essa poesia não se ocupa do passado para repeti-lo como foi nem para, através de um pretenso corte divisor, negá-lo, mas sim para descobrir nele uma fissura por onde consiga levá-lo em sua potência aonde ele nunca foi nem poderia ir, de um modo mais condizente com o que lê enquanto o nosso tempo.[29]

No Brasil, uma das expressões máximas da vanguarda é o "Manifesto antropofágico" de Oswald de Andrade, de 1926. Com sua ênfase na devoração – a necessidade cultural de devoração do outro –, a antropofagia de Oswald vinha corrigir a tendência descorporizante acentuada desde o Iluminismo. Por meio da canibalização, diz Luiz Costa Lima, os valores ocidentais poderiam recuperar seu traço sensível, perdido pelo abstracionismo da razão iluminista. Podemos perceber um paralelo com a contemporaneidade, no sentido de que a cultura da razão talvez hoje se expresse em alta voltagem por meio dos computadores, notebooks, celulares, smartphones, enfim máquinas que não entendem o "talvez", o "mais ou menos", o "é uma coisa e é outra também". Apesar da aglutinação e do deslizamento em termos de performance, em termos de comandos são máquinas binárias, máquinas do "ou", e não do "e". A popularização desse binarismo não seria uma tendência interessante para a humanidade, aponta Vilém Flusser, para quem o alfabeto corre o risco de ser substituído pelos códigos. As máquinas não suportam a incompreensão, a ambiguidade, o duplo. É ou não é. O duplo, para a máquina, é um erro. Qualquer um que já tenha ligado para sua operadora de telefone e dialogado com uma máquina sabe disso. Quando você quer fazer algo que não está nas opções previstas ou que pode estar

---

29 Pucheu, 2014, p. 29.

contido tanto em uma opção quanto em outra, suas possibilidades são: ou a máquina reinicia todos os passos ou você precisará conversar com um ser humano. Porque as máquinas e seus programas, mesmo este editor de texto no qual escrevo este ensaio, são feitos de códigos. Na superfície, a pele pode ser feita de palavras, mas a circulação sanguínea, por assim dizer, é feita de códigos (e eletricidade). Números e letras que não formam palavra alguma. Nessa passagem do alfabeto para os códigos, perderíamos a ambiguidade e a indeterminação das palavras, em troca da compreensão unívoca dos códigos. É possível que já possamos enxergar um pouco disso nas redes sociais, onde as conversas são moduladas pela maneira como as plataformas nos permitem interagir, e percebemos, principalmente nos últimos anos, no Brasil, como o diálogo nessas plataformas se tornou uma questão de sim ou não, concordância ou discordância, e muito pouco refinamento das questões, muito pouca aceitação das contradições. São sinais de que a lógica dos códigos e das máquinas já modula a nossa maneira de pensar, dialogar e conviver.

Além de enfrentar a questão descorporizante, como mencionamos, o "Manifesto antropofágico" de Oswald de Andrade vinha se debater, na década de 1920, com uma questão existencial: ajustar a experiência brasileira da vida com a tradição que herdamos. A escrita de apropriação enfrenta questão análoga: a de ajustar a experiência contemporânea da vida com a tradição gigantesca que herdamos. Se, para Oswald de Andrade, a antropofagia se tratava de um aproveitamento crítico da cultura do outro, alterando relações entre centro e margens da cultura ocidental, a escrita de apropriação constitui uma reação ao excesso de oferta, que altera relações de leitura e criação, e desestabiliza etiquetas que antes indicavam com segurança o que iríamos encontrar numa obra. O ajuste entre experiência contemporânea da vida e a tradição herdada, no campo da literatura, virá – como um dos caminhos, claro, não o único – por meio da utilização transformadora dessa tradição, utilizando-a de maneiras imprevistas. O potente em literatura não estaria em escrever – seguir produzindo obras em formatos que já conhecemos –, mas em colocar a literatura já produzida em posições imprevistas ou propor conteúdos estranhos à literatura (e seus gêneros) como sendo literatura.

A Bienal de Arte de São Paulo de 1998 teve como motivo a ideia de antropofagia em suas múltiplas possíveis interpretações. No texto introdutório da Bienal, a historiadora e crítica de arte Annateresa Fabris escreve que a multiplicação de possibilidades e estratégias mobilizadas pelos artistas contemporâneos traz a marca do fragmento, do entrecruzamento de diferentes realidades espaciais e temporais, de um presente que se define a partir de uma pluralidade cravada no passado, da autenticidade irreal, do fim da ilusão da originalidade, da descontextualização/recontextualização (nem sempre em sentido duchampiano), da perda da centralidade da arte no sistema cultural em prol daqueles novos instrumentos de estetização que são os meios de comunicação de massa e a publicidade.[30]

A ideia de "um presente que se define a partir de uma pluralidade cravada no passado", apresentada por Fabris, é justamente calcada na obrigatoriedade dos artistas contemporâneos de se depararem com uma tradição imensa, um volume de produção incessante que não para de chegar até nós. Ao arquivarmos, salvaguardarmos tradições e criarmos registros, produzimos passado. O montante do que já existe aumenta cada vez mais. O passado não cessa de crescer.

Em relação à arte do texto especificamente, ao contrário de meios como o cinema e a televisão, o volume de passado é ainda maior. A literatura tem uma imensa tradição, que outros meios, como os de massa e de publicidade, como fala Annateresa Fabris, não têm. São séculos e séculos de produções de obras textuais. E, quanto mais passado, mais material citável, mais massa da qual se apropriar.

Pensemos nos suportes do texto: do rolo para o códex para o computador para o notebook e agora para o smartphone e o leitor eletrônico. Os avanços são no sentido de conferir mais mobilidade ao suporte (até o ponto em que os teremos no corpo). Não há, no entanto, descontinuidade entre o livro e o computador ou a leitura online. Percebam: diferentemente das telas do cinema e da televisão

---

30 Fabris, 1998, não paginado.

(na maioria das vezes), as telas do computador e os sites na web trazem até nós, majoritariamente, textos. Se o cinema e a televisão, que, apesar de modulados pelo alfabeto – afinal, roteiros são objetos escritos –, trazem imagem na sua superfície, sendo meios que romperam com o predomínio do texto, os meios eletrônicos já fazem diferente. São modulados pelo que não é alfabeto (a programação via códigos), mas na superfície são inundados de texto. Então, o cinema e a televisão, por ainda funcionarem na sua circulação sanguínea – como dissemos – modulados por roteiros que são textos (e é claro que aqui falamos de um tipo de cinema majoritário, em que se filma o que foi roteirizado), talvez se aproximem mais da arte textual, da literatura, do que o ambiente digital e a web. Seria preciso um estudo a partir de conhecimento mais profundo da linguagem dos códigos para chegarmos a concluir algo. Do ponto de vista do utilizador, em sua superfície a web é extremamente textual. Aí está um perigo: acreditar que estamos conversando, dialogando, fazendo escolhas, quando podemos estar alimentando, nos outros e em nós, uma lógica de preto ou branco, uma lógica de extremos. Teríamos então de passar a estudar, nesse ponto, o funcionamento dos algoritmos que modulam as trocas em ambiente digital. Não será o caso neste momento, mas podemos logo afirmar: nenhuma tecnologia – sejam os algoritmos, sejam os livros – é neutra.

No século IV da era cristã, uma nova forma de livro impôs-se definitivamente, em detrimento daquela que era familiar aos leitores gregos e romanos. O códex, isto é, um livro composto de folhas dobradas, reunidas e encadernadas, suplantou progressiva mas inelutavelmente os rolos que até então haviam carregado a cultura escrita. Com a nova materialidade do livro, gestos impossíveis tornavam-se comuns: assim, escrever enquanto se lê, folhear uma obra, encontrar um dado trecho. Os dispositivos próprios do códex transformaram profundamente os usos dos textos. A invenção da página, as localizações garantidas pela paginação e pela indexação, a nova relação estabelecida entre a obra e o objeto que é o suporte de sua transmissão tornaram possível uma relação inédita entre o leitor e seus livros, é o que nos conta Roger Chartier. Uma vez estabelecido o predomínio do códex, os autores integraram a lógica de sua materialidade na própria construção de suas obras; por exemplo, dividindo o que era antes a matéria textual de vários rolos em livros, partes ou capítulos de um discurso único, contido em uma única obra. De maneira semelhante, as possibilidades (ou as coerções) do livro eletrônico convidam a organizar de forma diferente o que o livro, que é ainda o nosso, distribui de forma necessariamente linear e sequencial. O hipertexto e a hiperleitura que ele permite e produz transformam as relações possíveis entre as imagens, os sons e os textos associados de maneira não linear, mediante conexões eletrônicas, assim como as ligações realizadas entre os textos fluidos em seus contornos e em número virtualmente ilimitado. Nesse mundo textual sem fronteiras, a noção essencial torna-se a do elo, pensado como a operação que relaciona as unidades textuais recortadas para a leitura.[31]

Quando a fotografia apareceu, no século XIX, a pintura teve de se voltar para outras pesquisas além da busca por refletir a realidade. A fotografia, com sua precisão, desbancava o lugar da pintura. Se quisesse sobreviver, era preciso que a pintura tomasse rumos não orientados pela imagem referencial, a função mimética. Daí vieram os impressionistas com uma visão subjetiva calcada nas sensações e nas impressões pessoais, e o expressionismo abstrato, que recusava qualquer referência ao mundo real. Em razão de advento da fotografia tornar possível a reprodução mecânica precisa da realidade, a função mimética das belas-artes desvanece. Mas os limites desse modelo explanatório se tornam claros quando alguém lembra que ele não pode ser transferido para a literatura. Porque na literatura não há inovação técnica que pudesse produzir um efeito comparável ao da fotografia nas belas-artes,[32] de acordo com Peter Burger.

É possível, no entanto, que com o surgimento da web, a escrita tenha encontrado a sua fotografia. Frente às notícias mais surpreendentes, a vida real, os vídeos ao vivo e as postagens com depoi-

---

31 Chartier, 2002, p. 106-108.
32 Burger, 2012, p. 64.

mentos pessoais, a ficção parece, em alguma medida, perder espaço no interesse do público. A proliferação de testemunhos, registros, pronunciamentos, reportagens, alguns tão absurdos que chegam a parecer ficção, faz com que a ficção perca seu lugar privilegiado como fonte de uma boa história que evoca o mundo real. Tal é a aposta de Goldsmith: se a ficção ficar tentando imitar a realidade, criando histórias mais ou menos realistas que pedem para o leitor esquecer por alguns momentos que aquilo é ficção, ela seguirá perdendo terreno. Nossa necessidade de histórias com personagens envolventes e pontos de virada já estaria sendo preenchida por outras vias. Ao mesmo tempo, o excesso de narrativas e discursos, de imagens potencialmente chocantes e acontecimentos absurdos, de falas ajuizadoras, justamente pela sua oferta incessante, nos levaria a um estado de insensibilidade, algo próximo da aporia. Nosso sistema nervoso simplesmente não daria conta de tantos estímulos, e a saída, estranhamente, se torna a indiferença. É o contexto de pós--espanto. Nesse contexto, a poesia intensa, a poesia de alta voltagem, a poesia em tom maior, cujo eu lírico grita alerta ao sangue e às feridas da alma, torna-se obtusa. A literatura, nesse estado de coisas, pensa Goldsmith, deveria se reservar um outro lugar, lugar este que, para ele, fica ao lado da arte conceitual, como veremos nos próximos capítulos. Essa é a sua aposta como artista, poeta e pensador.

(O aumento de interesse pelo gênero ensaio e até pela escrita ficcional com camadas ensaísticas se dá, em parte, por conta disso: visto que cinema, televisão, jornalismo e outros ocupam o lugar de contar histórias, a literatura se volta para o que faz melhor do que os outros formatos: a comunicação de ideias finas, com alguma complexidade e precisão, e a transmissão de impressões pessoais com alguma pretensão filosófica.)

O ambiente da web é um repositório de histórias reais/ficcionais que rende visibilidade aos relatos, fotos, vídeos de qualquer um. A privacidade do indivíduo acabou, e não foi à sua revelia. Com essa avalanche de intimidade exposta, vidas de pessoas expostas, documentos, informações, *live cameras*, a web abalou a função de representação do real que era delegada à literatura. A cada acesso temos uma avalanche de imagens da vida real, confissões, depoimentos, uma série de documentos, tanto de épocas passadas quanto de acontecimentos recentes e do agora mesmo, à nossa disposição. Se a web tem sua maior força na função mimética, a literatura, ao ser contaminada por ela, se aproximaria ainda mais da referencialidade. Ou seja, a literatura não caminharia rumo à impressão ou ao abstrato, como fez a pintura em relação à fotografia. Ela seria contaminada de vida real. Essa condição tem sido percebida de diversas maneiras, e o escritor Agustín Fernández Mallo, nos seus ensaios de *Postpoesía – hacia un nuevo paradigma*, propõe, principalmente para os poetas espanhóis, é verdade, maior aproximação entre ciência, computação, programação, publicidade, mercado e arte/literatura.

Mallo acredita que a criação contemporânea, em termos gerais, não emana nem simula, como ocorria em tempos não tão distantes, âmbitos privados afastados das referências do leitor e do criador. Pelo contrário, parte-se desse mundo de mercado, cotidiano e familiar para o leitor, a fim de reciclá-lo em algo incomum, surpreendente, criativo. Antes ia-se do privado (os sentimentos irredutíveis do autor romântico) para o público (o autor reelaborava seus sentimentos e os tornava compreensíveis para a sentimentalidade do sistema-mundo da sua época), e agora, quando a privacidade deixa de existir nesses termos, vai-se do público (o autor toma os elementos que o invadem por todos os lados: informação e publicidade fundamentalmente) para levá-los ao privado (oferece ao leitor seu produto artístico incomum e perturbador devido ao efeito de transformar em algum ponto da cadeia criativa essa informação e publicidade compartilhadas).[33]

É aqui que o trabalho de Kenneth Goldsmith ganha novas camadas: *Sports*, *Traffic* e *The Weather* se aproximam da referencialidade, porém não como romances ou poemas realistas. Tais obras, mais do que se aproximarem da realidade, acabam por ultrapassá-la. Elas deixam de cumprir uma função mimética para exercer uma espécie de hiper-realidade. Não representam a realidade, são elas

---

33 Mallo, 2009, p. 76-77. Tradução minha.

mesmas "a realidade". Tomam a informação e a publicidade, que são públicas ao serem veiculadas por uma rádio, e as transformam num produto artístico incomum e perturbador. Dessa forma, as obras de Goldsmith adquirem ares de "surrealidade" no sentido de *sur-real* – "sobre o real", "acima do real" –, por serem mais reais do que o real. Uma espécie de lente de aumento que mostra o que está lá, mas não é acessível a olho nu.

O copiar e colar, o selecionar e editar, o sublinhar e rearranjar fazem cada vez mais parte da nossa lógica. O computador e seus derivados nos encorajam a mimetizar seus modos de funcionamento. A sua lógica, claro, não foi inventada por ele mesmo, o computador. O que estamos ressaltando aqui é a proliferação desse modo operacional. Frente à abundância de material, o que temos? Ferramentas que incentivam a copiá-lo, colá-lo, recortá-lo, editá-lo, alterá-lo... Podemos pegar o texto de uma página da internet e jogar dentro do arquivo de um romance que escrevemos. Como fez Michel Houellebecq, por exemplo, que admitiu ter se apropriado de trechos da Wikipedia em seu romance *O mapa do território*.

Foi nesse sentido que Marjorie Perloff cunhou o termo *moving information* – "informação móvel", que poderíamos chamar também de "informação que nos move", já que a expressão busca indicar tanto o ato de mover a linguagem para diferentes lugares e suportes como a ideia de ser emocionalmente mexido pelo conteúdo selecionado. Percebe-se aí uma diferença para a escolha por indiferença, que guiou Duchamp. No entanto, a indiferença, hoje, não é algo excluído do poético. Pode-se ficar comovido justamente por aquilo que parece pouco significativo, fraco, esvaziado, aquilo que nos gera indiferença. Daí a poética do pós-espanto, por exemplo, de Leonardo Gandolfi, que, como apontou Alberto Pucheu, constrói poemas a partir de referências diretas ou indiretas a outros poemas, canções populares, entrevistas, matérias jornalísticas, filmes, romances policiais e outras fontes, sem que seus poemas – os de Gandolfi – tenham qualquer ponto alto em relação à emoção. Pelo contrário, expressam a nossa própria ausência de afetação.

Tamanha mobilidade do texto, da qual fala Perloff, está associada a uma mobilidade na atenção. Navegadores de internet permitem que vejamos três, quatro, cinco, seis, sete ou mais textos abertos, cada um em sua aba, ou até mesmo todos lado a lado quando se faz um plano aberto do desktop. Então, temos a noção de quantos arquivos de texto estão abertos. Isso não ocorria cem anos atrás. A percepção recaía sobre um livro, não sobre vários textos abertos lado a lado. Dessa maneira, aos poucos, em vez de ler verticalmente, seguindo apenas um arquivo em profundidade, passamos a ler horizontalmente, saltando de um arquivo para outro, de uma aba para outra. O texto parece se tornar mais maleável, e a leitura passa a ser uma atividade de "conectar bordas", como diz Frederico Coelho a respeito do projeto literário que Hélio Oiticica deixou inacabado durante sua estada em Nova York nos anos 1970. Somos semionautas. O que fazemos é traçar percursos entre arquivos acessados. Inventamos itinerários por entre os objetos da oferta cultural. Não produzimos material original: produzimos percursos originais entre os signos existentes. Assim, adquirimos a noção de que o texto é móvel. Ele pode estar tanto numa aba quanto em outra, sendo o primeiro ou o último, na internet ou no meu arquivo de Word, numa postagem em rede social ou numa mensagem para um amigo. Imaginamos conexões entre sites que pouco têm a ver entre si. Copiamos os textos e o armazenamos num pendrive. Salvamos esses textos em outro computador que não o nosso. Editamos os textos e deixamos só o que nos interessa. O texto não tem um meio fixo. Ele está lá para ser deslocado. Nossa relação com o texto, com a linguagem escrita, está sendo mudada e moldada sob outros parâmetros.

É como se a literatura impressa se deixasse contaminar pelo movimento característico das técnicas de hipertextualização e de navegação na internet, espelhando o desenraizamento espaçotemporal operado, nas sociedades capitalistas pós-industriais, pela tecnociência, pelo mundo das finanças e pelos meios de comunicação de massa. Nesse quadro a leitura também se desloca. Se não há um dentro e um fora do texto como espaços claramente definidos, a ideia de obra como unidade fechada torna-se obsoleta,[34] como observa Vera Follain de Figueiredo.

Antes da linguagem digital, e depois da prensa de Gutemberg, as palavras estiveram presas em páginas de livros, cadernos, folhas de papel. Hoje, não. Em termos de texto, há muito mais matéria-prima do que pudemos sonhar, e esses textos são facilmente maleáveis, fluidos, escapáveis, misturáveis, recicláveis, transcrevíveis, reescrevíveis, copiáveis, manipuláveis. Pode-se dizer que tudo isso não se trata de escrever. E de fato não é, à maneira como se costuma compreender a escrita. Mas seguimos produzindo textos. Por meio desses procedimentos, a escrita ganha ares de uma prática artística, e as obras que deles resultam apontam para uma mudança nos modos de leitura e de escrita, uma transformação nos seus sistemas operacionais e nos seus *ethos*.

O que a escrita por meio de apropriação substitui é a necessidade de escrever da maneira tradicional. Troca-se a escritura pela montagem da leitura. O nascimento do leitor paga-se com a morte do autor, como afirma Roland Barthes. A abundância de material escrito que vemos hoje gerou uma nova condição no campo da escrita. Com a quantidade gigantesca de texto escrito e disponível, o problema atual não seria precisarmos escrever mais, e sim aprendermos a lidar com esse vasto montante que já existe. O que diferencia então uma escrita de outra?

A maneira como traço meu caminho por meio desse matagal – como eu o gerencio, como o analiso, como o organizo e o distribuo – é o que distingue a minha escrita da sua,[35] diz Kenneth Goldsmith. O que a arte de vanguarda faz é perceber as contradições da cultura comercial e retrabalhá-las. O que está em jogo é a construção de um sentido pessoal em meio ao excesso de fontes que o capitalismo avançado nos oferece – situação que tende a nos dessensibilizar por uma espécie de esgotamento da própria sensibilidade, o que poderia

---

34 Figueiredo, 2003, p. 12.
35 Goldsmith, 2011, p. 1. Tradução minha.

desembocar numa nova sensibilidade. O trabalho literário e artístico a partir do excesso nos permite pensar não só em um grupo de obras que compartilham premissas, mas reconhecer um sentimento que nelas vigora – uma substância –, que resulta nos seus gestos fundadores.

O AUTOR-CURADOR

...múltiplos itinerários, porque é com a fragmentação, a multiplicidade, a permeabilidade de imagens e signos que se deparam o tempo todo. "Itinerários" parece ser mais adequado que "roteiros", uma vez que o segundo termo pressupõe indicações metódicas e minuciosas, nem sempre claramente discerníveis num panorama como o atual, que está tentando redefinir novas funções e novos regimes para as práticas artísticas.

Annateresa Fabris, *Catálogo da 24ª Bienal de São Paulo*

NOMENCLATURA

A expressão *uncreative writing* foi cunhada pelos poetas estadunidenses Kenneth Goldsmith e Craig Dworkin para designar trabalhos que se apropriam de textos de outras fontes e que não buscam expressar a subjetividade do autor, as emoções de um eu lírico ou as viradas dramáticas na vida de personagens. Trata-se de uma oposição à ideia do autor como alguém que cria, que é a origem de algo, e é também um desvio ou uma recusa da poética que resulta daquilo que, formalmente, passamos a chamar de "escrita criativa". Poderíamos traduzir *uncreative writing* literalmente como "escrita não criativa" ou, como Francisco Bosco propôs em "O futuro da ideia de autor", "escrita recriativa". A segunda alternativa de nomenclatura ressalta a prática da reciclagem e do reaproveitamento. Já a expressão "escrita não criativa" destaca a noção de uma escrita que não se instala na origem do texto que produz, ou seja, que não o cria, como já dito. Por algum tempo, usei tanto "escrita não criativa" quanto "escrita recriativa", compreendendo que cada uma das expressões ressalta um aspecto da prática. A denominação "escrita não criativa" está profundamente relacionada ao contexto estadunidense no qual as chamadas oficinas de "escrita criativa" formam uma já longeva tradição visto que há décadas não param de crescer, seja em cursos avulsos ou em programas universitários. A própria nomenclatura "escrita criativa", é importante dizer, se origina dentro de departamentos de universidades dos Estados Unidos na primeira metade do século XX.

As oficinas de escrita de romances, contos e poemas tiveram início nos Estados Unidos logo após a Primeira Guerra Mundial. Professores buscavam estimular a inspiração literária por meio das vivências pessoais de cada participante e da leitura e observação de técnicas de escritores literários, mesmo que, dentro das universidades, as atividades se assemelhassem mais a um ambiente terapêutico, para manter os sobreviventes da guerra ocupados, do que a um verdadeiro curso acadêmico. Porém, ao longo das décadas, essas aulas ganharam estofo e tornaram-se parte de uma disciplina oficialmente reconhecida e, posteriormente, desdobraram-se em cursos de pós--graduação que se concentram no estudo do processo de escrita, na análise de obras literárias e seus recursos empregados, e na própria produção de poemas, contos, romances, ensaios, crônicas etc. A expressão "escrita criativa" ganhou seu lugar, portanto, em razão da necessidade de se constituir formalmente como disciplina ou curso, e para isso era preciso se contrapor ao texto acadêmico padrão, que enfrenta mais regras de estilo e formatação, e com frequência cai num engessamento enfadonho. É preciso entender essa história institucional para compreender a nomenclatura "não criativa". Até porque está claro que a "escrita não criativa" opera, sim, com o que costumamos chamar de criatividade, só que pela negação do tipo de criatividade praticada nas disciplinas de "escrita criativa". É importante frisar que, quando falamos em "não criativo" ou "não original" como oposição, diferença ou afastamento, é porque ainda consideramos que paira sobre nós a valorização do criativo e do original. Não fosse isso, o criativo e o original que acolhem o "não" já não precisariam estar aí e, no esquecimento, teriam caído em completo desuso. Ou seja, no âmbito da arte e da literatura, no âmbito do poético, a escrita não criativa ainda quer ser criativa, e o não original, alguma coisa de original.[36]

---

36 As três últimas frases são transcrições adulteradas de escritos de Alberto Pucheu em torno da poesia de Leonardo Gandolfi, do livro *Do tempo de Drummond ao (nosso) de Leonardo Gandolfi*. Onde eu coloquei "não criativo", Pucheu usa "pós--poesia"; onde eu coloquei "não original", ele usa "pós-espanto"; onde usei "criativa", ele usa "poesia"; onde usei "original", ele usa "espanto"; onde usei "não", ele usa "pós".

Devido à origem associada ao contexto universitário estadunidense, em alguns momentos, em artigos ou falas, como mencionado, optei pela expressão "escrita recriativa". O uso do prefixo "re" parecia soar mais adequado ao Brasil, ao nosso entrelugar tão afeito ao devoramento e à reciclagem. No entanto, durante o intervalo desde quando comecei a pesquisar o assunto até o momento em que finalizo este texto, a quantidade de aulas, cursos, videoaulas, oficinas e debates que giram em torno da noção de "escrita criativa" aumentou tanto e com tamanha intenção de profissionalização no Brasil, que hoje me parece que ao usarmos a expressão "escrita não criativa" já não estamos endereçando uma situação restrita ao contexto estadunidense, mas apontando também para a situação brasileira, e talvez ainda portuguesa e hispano-americana, já que os cursos de "escrita criativa" também vivem expansão nesses ambientes geográficos e linguísticos.

Apesar de seguirmos, então, utilizando a expressão "escrita não criativa", devemos dizer que, honrando o prefixo "re" e tudo o que dele emana, fazemos uma reposição para a nomenclatura "escrita não criativa": com a intenção da alargar as fronteiras do conceito, não adotamos aqui a expressão "escrita não criativa" para indicar uma escrita sem vínculo com personagens, sem interesse por viradas dramáticas ou que tente a todo custo minimizar ou bloquear a expressão de subjetividade do autor ou de um eu lírico. A proposta é adotar "escrita não criativa" de maneira mais ampla, como a escrita que faz uso de e repropõe matéria discursiva de fontes preexistentes, levando-a para um novo espaço ou apresentando-a sob novas condições. Escrita que usa o texto como *ready-made*, mesmo que opere com a construção de narrativas com personagens e viradas, por exemplo, como acontece em *Tree of Codes*. Ou seja, a intenção é que haja diferença entre "escrita não criativa" e "escrita conceitual".

Em *Notes on Conceptualisms*, Vanessa Place e Robert Fitterman afirmam que a escrita conceitual opera uma mediação entre o objeto escrito (que pode ou não ser um texto) e o significado do objeto pela reposição da escrita como um objeto figurativo a ser narrado.[37]

---

37 Place & Fitterman, 2010, p. 15.

Ao dizer que o objeto escrito "pode ou não ser um texto", Place e Fitterman apontam para performances, vídeos, leituras baseados em alguma textualidade – ações que estão fora do escopo do nosso estudo. Quando dizem "objeto figurativo", ressaltam o fato de que a obra, na escrita conceitual, parte de um objeto que cumpre boa parte do seu efeito pela sua imagem, sua materialidade, sua própria existência como objeto que ocupa certo espaço no mundo, e pelas associações que surgem a partir da visão desse objeto ou do mero conhecimento de que ele existe. Importa-nos aqui, sobremaneira, o trecho em que Place e Fitterman descrevem esse objeto como algo "a ser narrado", ou seja, algo cuja leitura não se encerra ou, em certos casos, independe do contato com o próprio texto veiculado pela sua materialidade. Textos que não exigem leitura. Ou cuja leitura se trata apenas de uma etapa (e talvez a menos importante) para que o efeito se cumpra, tendo, entre outras etapas, a narração do que é e de como se configura esse objeto, narração essa que é o pré-texto daquele texto. Ou seja, é a demonstração verbal das restrições, procedimentos e estratégias envolvidos na realização daquele objeto.

Sabemos bem que não exigir leitura e exigir leitura apenas como uma etapa são duas coisas bem diferentes. Por isso cabe dizer que há graus diferentes de "conceitualismo" em cada obra gerada por escrita não criativa ou por escrita conceitual. As obras de Goldsmith contêm grau menor de exigência de leitura do que os poemas com auxílio do Google de Angélica Freitas, apesar de que, ao conhecer o procedimento aplicado por Freitas na composição daqueles poemas, cumpre-se um efeito que não estava na mera leitura dos versos. Há um grau de conceitualismo mais alto nas obras de Goldsmith, devido ao seu gesto radical, e há um grau maior de manipulação textual por parte da poeta do que nos trabalhos de Goldsmith, ainda que haja um efeito que se cumpre, nos poemas de Freitas, apenas ao compreendermos e pensarmos no procedimento usado por ela na produção dos poemas. Não podemos, no entanto, dizer que as googlagens de Freitas são exemplos perfeitos da "escrita conceitual", pois são textos que demandam serem lidos na íntegra, e não apenas pensados ou terem somente seus versos iniciais lidos. Freitas, ao manipular dados do Google, operando uma escrita não criativa, está interessada no resultado textual como poema.

Foi esse tipo de questão que motivou Place e Fitterman a escreverem *Notes on Conceptualisms*. Na introdução, Fitterman pergunta se o poeta está aplicando a técnica para alcançar uma ideia mais ampla que está fora do texto, ou o poeta está interessado primordialmente na feitura de um novo poema retirado do anterior, que tem seu próprio significado? Ou, em conversa, as duas coisas estão acontecendo, ou não é necessário que as duas coisas aconteçam, ou há uma porcentagem, um espectro, do quanto um texto se confia a um conjunto de pensamentos para além do texto ele mesmo?[38]

Por isso, a noção que proponho aqui de "graus" de conceitualismo. Place e Fitterman diagnosticam esses "graus" com as expressões "conceitualismo impuro" ou "pós-conceitual". Poemas como os de Freitas ou a minha série *MixLit* entrariam nessas categorias, que indicam, como dizem Place e Fitterman, uma edição mais intervencionista no material apropriado e um tratamento mais direto do eu (*self*) em relação ao objeto.[39] Essas diferenças ficarão mais evidentes nos capítulos seguintes, ao trazermos as obras para o centro do texto.

É importante dizer que nem toda "escrita conceitual" é texto feito por meio de apropriação. A escrita conceitual pode ser produzida pelo próprio punho, como em *Eunoia*, de Christian Bök. Aí está outra diferença que procuramos estabelecer entre "escrita não criativa" e "escrita conceitual", de maneira que a escrita conceitual pode ser escrita não criativa e pode não ser. E a escrita não criativa, pelo fato de sempre apontar para algum texto fora do próprio texto, mesmo que exigindo ou não leitura, conterá graus diferentes de "conceitualismo" que a aproximarão mais ou menos de uma escrita conceitual radical. E o nosso centro gravitacional, aqui, é a escrita não criativa com todos esses graus de conceitualismo, mas sempre aquela que parte de um objeto anterior, ou seja, a escrita que se pensa como manipulação de um dado, curadoria de linguagem. Nisso

---

38 Place & Fitterman, 2010, p. 9. Tradução minha.
39 Place & Fitterman, 2010, p. 24. Tradução minha.

incluem-se diversos procedimentos, como a bricolagem ou o *mash--up*, a supressão ou o *die-cut*, o deslocamento ou o *détournement*, transcrições, reordenamentos, apagamentos, entre outros métodos e restrições que levarão as obras a apresentar os resultados mais diversos. Em comum, sempre, uma relação radical de uso com aquilo que é a sua fonte. Uma relação que nos leva a pensar em distâncias, que se encurtam ou se alongam.

DISTÂNCIA E PROXIMIDADE

O uso de redes sociais, e-mails, smartphones, aplicativos de mensagens e de exposição de si faz com que pareçamos mais acessíveis e alcançáveis. Bradamos a favor de maior transparência dos governos. Afinal, agora é só colocar números, ações e gastos na internet para que nós cidadãos chequemos e acompanhemos para onde vão nossos impostos. Podemos estar próximos da administração da nossa cidade, estado, país. A distância diminuiu. Tanto uma editora com base num quarto quanto a maior editora do país têm cada uma sua loja virtual. Online, elas podem ocupar um mesmo "espaço". Pode-se fazer um filme, um programa, uma série, colocar na internet e ter mais visualizações que um canal aberto de televisão. Os meios estão disponíveis para todos. Aquele que ficava escondido, distante do centro de tomada de decisões e de produção, hoje quer participar. Antigos consumidores tornam-se produtores. Uma desenhista faz ilustrações e logo encontra seu público ao postar as imagens numa rede social sem que precise passar pela mediação de uma revista, uma editora ou curador. As novas tecnologias facilitam a mudança da posição de receptor para emissor, ou melhor, ela faz com que todos sejam também emissores, seja lá do que for (exatamente por isso, o aumento de importância, em todos os campos culturais, da função de curadoria).

Para o filósofo francês Jacques Rancière, não há nada de errado no encurtamento da distância entre o palco e a plateia, o autor e o leitor. O nervo central dessa questão não estaria no encurtamento, mas na noção de que o lugar-palco seria superior ao lugar-plateia. Como se no palco estivessem as figuras ativas, e na plateia, as passivas. Consequentemente, deveríamos nos esforçar para nos encontrarmos sempre no palco, numa postura ativa, e nunca na plateia. Segundo Rancière, esse raciocínio não se sustenta. Primeiro, porque a leitura, a apreciação, a contemplação não são atitudes passivas. Segundo, porque as posições de ativo e passivo são cambiáveis. Quem vai ao teatro hoje e estaria numa posição considerada passiva, amanhã estará dando aula, por exemplo, e assim na posição ativa, e terá sua plateia, os alunos, teoricamente passivos. Os lugares se alternam: todos são produtores e receptores, só que ocupam cada posição de uma vez, em momentos diferentes. Diz Rancière que, quando você é mestre, é mestre, e o outro é aluno. Situação que pode se inverter, mas a distância se recupera a cada ocasião. Podemos pensar que é essa separação que a escrita de apropriação abole. Que nela a distância leitor–autor não existe. Em termos de resultado da criação, realmente não existe, pois no texto de apropriação está plasmada uma indiferenciação entre autor original e autor não criativo. No entanto, antes de o texto se plasmar, quando o momento de tornar--se outro por meio do texto não aconteceu, sim, há o texto que será apropriado e há a pessoa que dele se apropriará. Como o leitor não tem acesso a esse momento, mas apenas ao texto que dele resulta, podemos dizer que é por meio do resultado que percebemos a quebra de hierarquias ou noções de passividade/atividade sendo desestabilizadas, quando os limites entre lados geralmente pensados como opostos são derrubados.

O trabalho de supressão ou seleção, edição e montagem vive a impossibilidade de ser uma coisa só. De estar de um lado ou de outro. O autor de uma bricolagem ou um *mash-up* está tanto lá como cá. Pisa com um pé em cada região. No caso da literatura, ele faz uso direto daquilo que o mesmo Rancière caracteriza como sendo o caráter democrático da escrita: sua reprodutibilidade e distribuição a liberta do "dono do discurso". A circulação do livro ou do texto os obriga a se abrir à interpretação daqueles que os pegam na mão, mesmo aqueles aos quais eles não foram destinados. A escrita é política porque, diferentemente do discurso oral, ela independe de quem a profere. Qualquer pessoa que possa vir a ler um texto tem o potencial de estabelecer uma redivisão do sensível. Se a reprodutibilidade dos textos permite que ganhem destinatários insuspeitos, ela permite também que esses textos ganhem destinos imprevistos. A apropriação é um desses destinos imprevistos. Afinal, nunca se sabe aonde um livro vai parar e nas mãos e olhos de quem um texto vai chegar. Aí estaria o caráter democrático da escrita. Ao contrário da comunicação oral, que depende do corpo do seu emissor e está veiculada a ele – a não ser que circule por aí em áudios anônimos, um advento recente –, a escrita se espalha sem que o "dono do discurso", a voz que o profere, caminhe junto com ela. Dessa forma, sem que uma autoridade confira um sentido definitivo ao que está sendo dito, a escrita tem em sua base a ressignificação por parte daqueles que entram em contato com ela. *Sessão*, por exemplo, retira do conteúdo que veicula a identificação com o corpo e a voz das pessoas que dão origem àquele conteúdo. Não há mais as autoridades que falaram, apenas o que elas disseram. O texto não relaciona os poemas ao nome de cada deputado que proferiu a fala que lhes deu origem. E igualmente o livro não traz qualquer informação biográfica ou foto de Roy David Frankel. Apenas seu nome na capa, talvez por uma quase exigência do mercado editorial. O autor de *Sessão* é a Câmara dos Deputados,[40] escreve Frankel. Porque pouco importa quem especificamente, individualmente, está falando. Importa o que é dito. A letra morta vai rolar de um lado para o outro sem saber a quem se destina, a quem deve, ou não, falar. Qualquer um pode, então, apoderar-se dela, dar a ela uma voz que não é mais "a dela", construir com ela uma outra cena de fala, determinando uma outra divisão do sensível. Há escrita quando palavras e frases são postas em disponibilidade, à disposição, quando a referência do

---

40 Frankel, 2018, p. 55.

enunciado e a identidade do enunciador caem na indeterminação ao mesmo tempo.[41]

Aí estaria exatamente a força do texto, na sua vasta possibilidade de encontrar leitores e permitir efeitos impossíveis de serem previstos, como a reciclagem deles. Retrabalhar escritos preexistentes é uma maneira de dizer não, ao mesmo tempo que propõe um novo sim. É uma maneira de atuar na produção de sentido de determinado objeto, e não receber, de maneira fisicamente passiva, o sentido previsto em sua fundação. Mas quem é que produz esse novo sentido? Que autor é esse?

Retornemos ao "A morte do autor", de 1968. Nesse texto, Roland Barthes dissocia a pessoa do autor e a obra. Para Barthes, não há mais sentido no autor que reina ainda nos manuais de história literária, nas biografias dos escritores, nas entrevistas das revistas e na própria consciência dos literatos, preocupados em juntar, graças ao seu diário íntimo, a sua pessoa e a sua obra.

O texto é um tecido de citações, saídas dos mil focos da cultura. Parecido com Bouvard e Pécuchet, esses eternos copistas, ao mesmo tempo sublimes e cômicos, e cujo profundo ridículo designa precisamente a verdade da escrita, o escritor não pode deixar de imitar um gesto sempre anterior, nunca original: o seu único poder é o de misturar as escritas.[42]

Como insinuado anteriormente, a "teoria da escrita não criativa" já dá seus passos com Barthes. O que o motiva a formular essas ideias é exatamente a movimentação composta pelas apropriações que realizaram Eliot, Pound, Benjamin, Picasso, Duchamp, Schwitters e outros ao longo da primeira metade do século XX. As modulações de autoria levadas à frente pela escrita não criativa contemporânea teriam então, com as vanguardas históricas e a produção teórica de Barthes – e Foucault –, uma relação de continuidade.

Em "O que é um autor?", Michel Foucault diz que a escrita de hoje se libertou do tema da expressão: ela só se refere a si mesma [...],

---

41 Rancière, 1995, p. 8.
42 Barthes, 2004, p. 49-50; 52.

trata-se da abertura de um espaço em que o sujeito escritor não cessa de desaparecer. Não há autor, mas sim "função-autor", um espaço que o autor produz só para nele desaparecer. Já que não se trata da pessoa do autor que está em jogo, e sim de um discurso que ele produz, um discurso onde ele, quanto mais produz, mais se ausenta, já que aquele discurso não o expressa. Feito esse diagnóstico, Foucault afirma que o que seria preciso fazer é localizar o espaço assim deixado vago pela desaparição do autor, seguir atentamente a repartição das lacunas e das falhas e espreitar os locais, as funções livres que essa desaparição faz aparecer.[43] É exatamente o que tentamos fazer aqui. Se o autor desapareceu e não mais expressa a si mesmo, o que está atuando em seu lugar?

Talvez possamos responder com a noção de "autor-curador", o autor cuja autoria se concretiza por meio de outras autorias. O autor cuja assinatura atua como um guarda-chuva de outras assinaturas ou pela reformulação de um punhado de materiais sem assinatura (assim, o material é elevado até uma posição em que ganha nome de autor). O curador cuja interferência na seleção ou manipulação das obras originais é tão incisiva que chega a deslizar da posição curatorial para o lugar de autor. Qual é o grande interesse em *Passagens*? A oportunidade de entrar em contato com as escolhas de leitura de Benjamin – a "dieta de leituras do autor", como diz Luciene Azevedo, que afirma: a autoria configura-se, então, como um processo sintetizador, e não mais criador.[44] O autor não se constitui somente pelo que escreve, mas também pelo que lê (e não só intimamente, no seu processo de se reconhecer como escritor, mas também publicamente, no processo de o público reconhecer certas leituras como leituras de um escritor).

Mas se um autor não se constitui publicamente somente pelo que escreve, devemos ir além de seus textos e considerá-lo como um autor também de outros gestos que não a escrita? Se respondermos que sim, podemos, no tempo contemporâneo, pensar como autoria

---

43 Foucault, 2009, p. 268; 271.
44 Azevedo, 2017, p. 160.

o jogo cada vez mais intenso que se estabelece entre a pessoa física do autor e a sua obra. O corpo do autor e o que ele pensa (como indivíduo civil, com seu nome próprio, e não seu "nome de autor") tornaram-se uma ferramenta na difusão da arte por meio de fotos e matérias em jornais, em entrevistas na televisão, ou na performance online do autor, em postagens nas redes sociais, vídeos, ou em mesas de congressos e apresentações ou bate-papos em festivais literários. Tudo isso, teoricamente, em nome da divulgação da literatura. Então, será que divulgação pode, em si, ser arte ou literatura? O escritor mexicano Mario Bellatin assume divulgação, bate-papos, leituras e apresentações como oportunidades para performances artísticas, as quais fazem parte da sua obra como um todo – assumindo um "nome de autor" quase em tempo integral –, demonstrando como as relações entre obra literária e o escritor de carne e osso não pararam de crescer, impulsionadas pela cultura de massas, os dispositivos tecnológicos de exposição de si e a demanda por realidade. Às vezes como sintoma, outras como paródia, pastiche ou como uma espécie de registro e jogo sofisticado de aproximações e afastamentos entre o eu e um outro, a literatura gerada a partir de vivências pessoais do escritor viveu certa explosão editorial e adquiriu nome próprio: autoficção, expressão creditada ao francês Serge Doubrovsky.

Quando a cunhou, ele buscava designar uma categoria para seu romance *Fils*, de 1977. Na contracapa do romance, Doubrovsky perguntava: Autobiografia? Não, isto é um privilégio reservado aos importantes deste mundo, no crepúsculo de suas vidas, e em belo estilo. Ficção, de acontecimentos e fatos estritamente reais; se se quiser, autoficção, por ter confiado a linguagem de uma aventura à aventura da linguagem, fora da sabedoria e fora da sintaxe do romance, tradicional ou novo. [...] Ou ainda: autofricção, pacientemente onanista, que espera agora compartilhar seu prazer.[45]

É claro que o Eu é sempre um Outro quando plasmado em literatura, e é exatamente com essa ambiguidade que a autoficção joga um jogo de distanciamentos e aproximações entre narrador, perso-

---

45 Doubrovsky, 1977, p. 10.

nagem e autor, como apontado anteriormente. O autor não retorna como garantia última da verdade empírica e sim apenas como provocação, na forma de jogo que brinca com a noção de sujeito real,[46] como diz Diana Klinger, mas é a vida desse sujeito real e as possíveis coincidências entre ela e a literatura produzida que instalam a discursividade do jogo promovido pelo autor. Podemos ver isso acontecendo em romances recentes, como *O filho eterno*, de Cristovão Tezza, *A chave de casa*, de Tatiana Salem Lévy, e *Divórcio*, de Ricardo Lísias. O Eu como um dado a ser transmutado. A ficcionalização de si, que torna o Eu um Outro. A paisagem contemporânea da literatura, ao menos no momento em que escrevo – logo, pode mudar –, pende para esse jogo entre a vivência real e a invenção. Nesse contexto, as obras produzidas por meio de uma escrita não criativa apresentam uma diferença desestabilizadora justamente pela radicalização. Não se trata apenas de ausência de um sujeito expressivo a criar segundo sua subjetividade (com a ilusão de que a linguagem é uma matéria-prima), mas da ausência mesmo de um escritor que escreva de fato, ao menos da maneira como nos habituamos a pensar o ato de escrever. Há diferença entre a ausência de um autor-sujeito expressivo e a ausência de um autor-escritor, assim como há diferença entre uma música na qual o violonista e o vocalista repetem os mesmos acordes e a melodia de uma composição anterior, que não é deles, numa espécie de citação intencional ou não (como o recente caso que levou "Stairway to heaven", de Led Zeppelin, aos tribunais), e uma música em que alguns compassos de uma anterior gravação original reaparecem, não imitados, simulados ou reelaborados, mas replicados (como a apropriação que Eminem faz da voz de Steven Tyler cantando o refrão de "Dream on", do Aerosmith, o que a tornou refrão de "Sing for the moment", do rapper).

É claro que, como toda ferramenta ou modo de fazer, a escrita não criativa pode resultar em obras menos ou mais radicais, de intensidades e potências mais fracas ou mais fortes. Numa busca pela criação de certa atmosfera de "nova corrente literária", Goldsmith

---

46 Klinger, 2007, p. 44.

incluiu em seus ensaios, em *Uncreative Writing*, obras que pouco comunicam ou expressam. *Retyping On the Road*, por exemplo, se constitui pelo gesto do seu autor, que transcreveu por dia, por mais de um ano, uma página inteira de *On the Road*, de Jack Kerouac, para o Twitter. Assim como Francisco Bosco, não vejo ressonâncias tão interessantes nessa performance de leitura/escritura/distribuição. A apropriação é um gesto potente que abre debate em diversas áreas – desde a literatura até a psicologia e o direito, como vimos – e desestabiliza noções tradicionalmente consolidadas, porém mais interessantes ainda podem ser as obras (e suas consequências) que fazem com que a apropriação não seja apenas um modo de fazer que se esgota em si mesmo, e sim algo além disso.

Apesar da continuidade com a teoria de Barthes e Foucault, e com as práticas das vanguardas históricas, percebemos que a escrita não criativa instala diferenças. Além de buscar o contato, a aproximação e o diálogo (seja por meio das obras ou por meio de entrevistas, vídeos, textos e palestras sobre as obras) e de não investir contra o capital cultural de maneira veemente (e sim fazer uso dele combinando entusiasmo e doses de crítica, diferentemente das vanguardas), há o deslocamento temporal: hoje, uma obra que reproduz boletins de trânsito – dada a crescente urbanização, o amontoado de dados e informação que passou a gerir nossas vidas, a massificação dos carros e a experiência comum do engarrafamento, sem contar o gargalo do fortalecimento da judicialização da vida (que aqui nos toca via direitos autorais) – tem interesse e relevância diferentes do que poderia ter no início ou em meados do século XX.

À primeira vista, em *Traffic*, a subjetividade de Kenneth Goldsmith está mais no ato, no gesto, do que no conteúdo dos boletins de trânsito. Porém, num segundo instante nos perguntamos: parte da nossa subjetividade não se modula em diálogo com as informações de trânsito? Ou em diálogo com as notícias de jornal? Goldsmith apresenta em seus livros conteúdos que dialogam com praticamente qualquer um que more em área urbana de uma grande cidade. Não se trata de expressar uma subjetividade individual construída por um manejo mais ou menos habilidoso da escrita, embora alguma subjetividade não deixe de se expressar porque, afinal, é impossível não expressar nada. Algo é expressado, mas não uma subjetividade individual. É nesse sentido que Goldsmith e Craig Dworkin publicaram a antologia *Against Expression*. As obras que compõem o livro não estão interessadas na expressão de uma subjetividade individual por meio de uma escrita que trabalhe com noções de psicologia, composição de personagem, eventos de uma vida, acompanhamento de uma trajetória ou de um sentimento, de um afeto, de uma visão. Os "contra a expressão" estão interessados naquilo que T.S. Elliot afirmou em 1919, em *Tradição e talento individual*, quando disse que a poesia não é uma liberação da emoção, mas uma fuga da emoção. Não é a expressão da personalidade, mas uma fuga da personalidade.[47] No entanto, essa liberação da emoção individual e da personalidade, para a corrente de Goldsmith e Dworkin, não se dá em prol da veiculação de uma poesia do conjunto de experiências coletivas ou das emoções de um outro que não seja o poeta, e nem por meio de uma operação de concentração inconsciente e não deliberada por parte do poeta, como desejaria Elliot. Os "contra a expressão" mais puros, como Goldsmith (e não como a maior parte dos outros casos pensados aqui), estão mais interessados nas consequências de seus atos para a própria noção de poesia, e esses atos são deliberados, conscientes e calculados. Poderíamos pensar em chamar essas práticas de literatura de pós-identidade, uma literatura desinteressada da construção de interioridades, já que para ela a busca é pela graça da ideia e pela potência do gesto. Isso lhe interessa mais do que convocar o leitor a ler, do início ao fim, o texto que a constitui. Ao mesmo tempo, podemos dizer que é uma literatura associada à linguagem como matéria pura, sendo a comunicação de alguma subjetividade uma consequência apenas inevitável da própria linguagem escolhida.

---

47 Elliot, 1989, p. 47.

TECNOLOGIA

A forma como um dado sistema se organiza – seus comandos requeridos, atitudes permitidas, configurações de visualização e exploração – faz com que seu operador humano reformule seu universo mental, incluindo nele aquelas operações requeridas e estimuladas pela máquina. O humano, entretanto, não as direciona exclusivamente para a máquina específica. Tudo aquilo que é praticado na sua relação com a máquina passa a fazer parte de sua percepção e comportamento geral.

Um dos relacionamentos mais constantes, hoje, na vida das pessoas é o relacionamento com suas máquinas. Trocamos de parceiros, de empregos e trabalhos, mudamos de cidade, falamos outras línguas, mas não deixamos de nos relacionar com a interface do nosso computador pessoal, seus programas e nossos tablets e smartphones. É nesse ambiente digital que trabalhamos, nos divertimos, fazemos contatos, conversamos, organizamos projetos, combinamos reuniões e encontros. Assim como a divisão entre o que é público e o que é privado, e o que é trabalho e o que é lazer, as finalidades e modos de recepção adequados para cada tipo de texto não ficam claros. Todas as comunicações estão no mesmo local, muitas vezes no mesmo formato (e-mail, mensagem de rede social etc.). A única certeza é que tudo isso será feito (divertir-se, trabalhar, interagir, organizar) da maneira que a máquina, sua programação e seus programas permitirem.

Qual a finalidade dos programas? Eles facilitam para o homem a criação de novos trabalhos e conteúdos no ambiente digital. Ao mesmo tempo, os programas impõem uma lógica para organizar, acessar e trabalhar com as informações. Funcionam como um filtro. Uma moldura incontornável, que atua sobre a concepção, o processo, e está presente no resultado final. Quando trabalhamos com um software e empregamos as operações que vêm incluídas nele, essas se convertem numa parte integrante do modo como compreendemos a nós mesmos, os outros e o mundo. As estratégias de trabalho com dados informáticos se tornam estratégias cognitivas de caráter geral.[48]

Numa sociedade industrial como a contemporânea, não é só no contato com computadores e ambientes virtuais que se opera segundo as regras da seleção a partir de um menu, aquelas do uso de um dado preexistente. Fazemos isso quando vamos ao supermercado, enquanto observamos suas prateleiras abarrotadas de produtos distribuídos de acordo com suas etiquetas específicas ou quando adentramos um restaurante e escolhemos um prato entre os menus de carne, massa, peixes, ou quando pegamos o jornal para ver o que está passando no cinema, e há os dramas, as comédias, as aventuras, os lançamentos. Os meios digitais padronizam o ato de selecionar e tornam sua efetuação mais fácil. Afinal, é muito mais rápido apertar duas teclas, transferindo um fragmento de texto para outro arquivo, do que manusear a tesoura, recortar o fragmento numa página de papel, passar a cola e grudar o fragmento em outra folha de papel. Ao estimular essas ações, as interfaces digitais as legitimam. A sociedade passa a aceitá-las como simples recursos que podem ser usados em diferentes contextos e para diferentes finalidades. Copiar, criar "versões" ou utilizar elementos de bases de dados tornam-se procedimentos comuns para gerar novos objetos e conteúdos. Seleção, edição e montagem passam a ser a norma. A criação, tanto no sentido de artesanato quanto de manufatura, vira exceção. Esse tipo de lógica, da navegação entre menus e da seleção e criação de

---

48 Manovich, 2001, p. 116. Tradução minha.

ligações entre o que foi selecionado, tornou-se, assim, um modelo de ação não só para o ambiente virtual, mas para o mundo físico.

A interiorização das referidas operações e a legitimação que vem da popularização do seu uso abrem caminho para que a prática se estenda para os velhos meios e que daí surjam novas produções.

O usuário que navega e pula de aba em aba, construindo um itinerário, é tão apegado à tela, ao link, ao mouse quanto Antoine Compagnon se diz apegado à tesoura e à cola, recortando trechos. Percebemos, assim, que a lógica do copiar e colar, ou a lógica de praticar saltos na leitura, não é uma novidade ofertada pela virtualidade. Obviamente, o ambiente online popularizou e segue privilegiando esse *modus operandi* de leitura, entretanto a multilinearidade já se manifestava na literatura em obras como *Se um viajante numa noite de inverno*, de Italo Calvino, que o próprio classificou como "hiper-romance" – característica que, para ele, seria uma das marcas do romance contemporâneo como enciclopédia, como método de conhecimento, e principalmente como rede de conexões entre os fatos, entre as pessoas, entre as coisas do mundo.[49] *O jogo da amarelinha*, de Julio Cortázar, seria exemplo também de um livro que proporciona uma leitura não linear. Não exatamente multilinear, pois o livro oferece – como o autor indica – apenas dois percursos de leitura: o linear e o saltado. *Fogo pálido*, de Vladimir Nabokov, pode ser um exemplo de multilinearidade. O texto é composto de um prefácio, um poema de 999 versos e um longo comentário em torno desse poema. O comentário, inclusive, se debruça sobre cada verso do poema, o que remete o leitor a um ir e vir múltiplo e variável entre o poema e os comentários. Alguns leitores relatam ter realizado a leitura do livro com duas cópias nas mãos, a fim de facilitar as idas e vindas entre as duas partes, gesto que lembra muito a leitura em abas, a leitura que vai se abrindo aos poucos, da qual, na informática, o precursor seria o sistema Xanadu, de Ted Nelson, que perdeu espaço para seus derivados, os navegadores atuais. Xanadu é o sistema que inspirou também o Scrivener, programa de processa-

---

49 Calvino, 1990, p. 121.

mento de textos em múltiplas "plataformas" e que há algum tempo promete sepultar o Word.

Muitos dos softwares mais utilizados atualmente, como o Photoshop ou o iMovie ou outro editor de vídeo, vêm com vários tipos de filtros – que permitem modificar a imagem de diferentes maneiras – ou formas de transição – que permitem ajustar a passagem de uma imagem para outra –, deixando ao usuário a tarefa de selecionar qual das opções quer utilizar. Marco da minha adolescência, o programa de edição de música Garageband era acompanhado de vários *samples* e batidas pré-gravadas. As ferramentas de criação de blogs pedem que o usuário escolha entre diversas configurações, fundos e imagens disponíveis em sua biblioteca. Os próprios smartphones contam com uma biblioteca de modelos de mensagens à disposição de seus donos, como "Preciso falar com você", "Ligo quando for possível" e "Estou com saudades". Dessa maneira, o usuário digital se acostuma a trabalhar com a seleção de certas opções dentro de uma coleção, opções estas que são as mesmas, tanto para um profissional quanto para um usuário avançado ou um iniciante. Ambos não precisam criar. Ou melhor: o criar, nessas condições, é recriar. O recriar como uma vertente do criar. Porque o ato de selecionar filtros, bases, programas e efeitos converte o artista digital num selecionador de opções preexistentes. Já não temos que acrescentar nenhum escrito original; basta selecionar entre o que já existe. Em outras palavras, agora qualquer um pode se transformar num criador apenas ao oferecer um novo menu, ou seja, ao fazer uma nova seleção a partir do *corpus* total disponível,[50] diz Lev Manovich. O artista pode fazer o que quiser, só não poderá fazer algo que esteja fora das opções ofertadas.

Na web, os textos se compõem a partir de conexões com outros textos que já estão lá, apenas a um clique. Clicando aqui e ali, o usuário segue abrindo uma série de abas e, em determinado momento, pode-se deparar com dez abas abertas, assim como quando me deparei com dez livros abertos ao meu lado e experimentei

---

50 Manovich, 2001, p. 123. Tradução minha.

ligações entre trechos dos livros. A pessoa que olha para dez abas abertas no seu navegador é a única que sabe como aquelas abas se relacionam, ou seja, é a única pessoa que sabe quais foram as associações tecidas que a levaram de um texto para o outro. Só ela tem consciência de qual foi o conteúdo que a motivou a interromper as leituras anteriores, realizar uma nova busca e, assim, abrir uma nova série de abas – que estarão lado a lado com as abas da pesquisa anterior. Quem navega entre abas cria um percurso. Entre elas, há associações que *a priori* são percebidas apenas pelo próprio usuário. A navegação entre links é uma espécie de montagem de uma bricolagem ou um *mash-up* imaterial.

Não podemos esquecer que a tecnologia que muda o comportamento do homem é a mesma tecnologia que, pela sua mera existência, faz uma formulação concreta da imaginação do homem. Como sabemos com Marshall McLuhan, tecnologias são extensões do homem, são expressões de desejos ainda não reconhecidos socialmente. Percebemos com mais facilidade os efeitos da tecnologia em relação ao comportamento e mentalidade humana, mas tais mentalidade e lógica já estão intuídas pelo homem quando ele cria a máquina que lhes dará materialidade. (Se falamos hoje em mobilidade ilimitada da palavra e do texto como bloco de imagem, já podíamos ver tais questões intuídas e expressas em Mallarmé e nos poetas concretos brasileiros – Décio Pignatari, Haroldo e Augusto de Campos, referências para autores e artistas dos dois hemisférios do planeta.) Só que uma tecnologia ou ferramenta nunca atua apenas como para aquilo que lhe foi designado como função. Quando se cria uma nova tecnologia, em geral, temos a perspectiva do que essa tecnologia produz em seu grau mais imediato. Percebemos aquilo que se torna possível com o seu advento. Porém, nunca se tem a visão de como ela será recebida para além do seu contexto inicial. Não sabemos quais serão os desvios que a recepção imprevista criará, desvios que alterarão a noção do que aquela tecnologia era capaz de produzir. É justamente pela impossibilidade de controlar seus efeitos que tais obras e tecnologias alimentarão novas criações.

USUÁRIO-INTERFACE/
ARTISTA-PROGRAMAÇÃO

Todo escritor tem seu modo próprio de selecionar e montar palavras, frases, cenários, diálogos, de construir sua estratégia textual específica. Haveria também, nesse sentido, uma estratégia de leitura engendrada por cada leitor? Existiria, na falta de termo mais adequado, um estilo de leitura?

Flávio Carneiro, "Breve passeio pelos bosques da leitura"

A leitura online raramente trabalha com a concentração dirigida a um alvo único, por um tempo de longa duração. Se ela tem um alvo único, em geral é uma navegação rápida. Se é longa, é porque multiplicou-se em novos caminhos. No ambiente online vivemos a dispersão e o interesse espontâneo, não dirigido. A leitura se torna sempre mais, "o que mais?", sempre uma próxima coisa. Quando acessamos um site, sabemos que ele é apenas um entre tantos outros que estão logo "atrás" ou "ao lado" desse que temos diante dos olhos e que podemos acessar o outro assim que quisermos. Com a leitura nos dispositivos digitais, sempre há um outro. Algo que o meu olho não está captando, mas apenas momentaneamente, pois ele pode, deseja e deve acessar essa próxima informação. Estamos sempre perdendo algo, já que temos tanto a nosso dispor. O sentimento de ganhar algo – o contato, a descoberta, o acesso a certo conteúdo –, com frequência, é superado pela sensação de que ainda não é o bastante, há mais e mais e mais – o que nos leva à sensação de que o que quer que tenhamos ganhado, é algo inevitavelmente parcial. E, de um jeito ou de outro, insuficiente. Então acessamos um novo site e o anterior não some, ele continua como uma aba dentro do nosso campo visual. Não é uma substituição, é uma adição. Mais, mais, mais. E nada se perde, nada fica para trás. No caso de o primeiro site ter nos levado até o outro por um link, torna-se também uma ponte, o chamado hiperlink, que transforma a web inteira num gigantesco e infindável hipertexto.

Na televisão e no livro, segundo as maneiras como nos acostumamos a abordá-los, as mudanças se dão por meio da substituição. Não temos mais do que uma unidade (um livro, um canal) ao mesmo tempo em nosso campo visual. A narrativa está ali e não sairemos dela. Essa diferença entre a multiplicidade da internet e a unidade do texto e da televisão (assim como do cinema) vem atuando fortemente na transformação do nosso espaço mental.[51] O *sampling* é uma estratégia que envolve uma pluralização do espaço imaginário, na qual, como diz Andrew Gibson, a "ideia de um espaço unitário" e a de "uma perspectiva dominante" são radicalmente desestabilizadas. Mesmo quando diante de um livro, hoje não raramente imaginamos que há algo além daquilo que temos diante dos

---

51 É num se debater contra essa unidade da narrativa que se localiza um livro como *Se um viajante numa noite de inverno*, que podemos pensar como um hiper-romance – um romance com romances dentro de si, produzindo intervalos e entrelaçamentos. O alargamento de espaços mentais via leituras associativas e inacabadas já está intuído aí, na literatura, mas a popularização da web fez com que muitos da minha geração – e muitos mais depois dela – vivessem a surpresa diante desses alargamentos antes na relação com o ambiente online do que pela leitura de livros. Tomando-me como exemplo, intuí a estrutura narrativa de *O princípio de ver histórias em todo lugar* inicialmente em meio às navegações na web, praticando a hiperleitura. Só depois é que vim a descobrir o livro de Italo Calvino e pude compreender que ali estava um modelo de realização concreta muito próximo ao que eu imaginava enquanto clicava em links na tela do computador.

olhos. Uma mensagem no celular apoiado na cabeceira, um vídeo a que precisamos assistir, um áudio que precisamos escutar, uma festa para a qual não fomos convidados, alguma coisa mais interessante acontecendo num lugar mais atraente. Há um vínculo da sensação constante de perda com os distúrbios de atenção – em parte, criações da indústria psiquiátrica, mas nem por isso com menor efeito de realidade. A atenção concentrada não é fruto da adição. Para dar atenção não se deve fazer algo a mais, mas, pelo contrário, deve-se fazer algo a menos. A atenção concentrada é fruto da supressão: o apagamento daquilo que é periférico e não central ao nosso interesse. É fazer menos, atentar para menos coisas. Só pelo ato de suprimir certos elementos já acabamos por nos concentrar em uma ou outra coisa. Não há dúvida de que a popularização da hiperleitura está associada a mudanças perceptivas.

Durante o processo de composição de uma bricolagem ou *mash-up* literário, a leitura é realizada de maneira fragmentada, flanando por trechos que possam iniciar, desenvolver ou finalizar o texto que aos poucos é tecido. É uma leitura que traz todas as características que Paul Virilio confere ao pós-moderno: um espaço marcado por interface, permutação, intermitência e interrupção. O leitor que se tornará autor de um *mash-up* literário percebe o texto fonte como interface material sobre a qual é preciso agir. A interface não veio pronta para os interesses dele. É preciso atuar nela e copiar dela ou alterá-la conforme a sua leitura. A leitura como um ataque aos livros.

O dicionário *Michaelis* define a permutação, no âmbito da matemática, como cada um dos agrupamentos que se podem formar com um dado número de elementos, de modo que cada agrupamento se diferencie dos demais pela ordem de seus elementos. Ora, não seria exatamente isso uma escrita de apropriação e montagem? A intermitência e a interrupção se dão pelas diferentes escritas pelas quais se passa durante esse processo, a hiperleitura, que é necessária à construção de uma colagem literária que recorra a diversas fontes. Não poderíamos dizer que, para realizar as googlagens, Angélica Freitas opera uma hiperleitura, dado que ela flana por links, a partir do mote eleito? Ela restringe sua navegação, mas dentro desse escopo a poeta flana. No caso da série *MixLit*, e com um escopo mais amplo, necessito fazer também uma hiperleitura que se dá enquanto salto de um trecho para outro, de um livro para outro, sem saber onde terminarei e onde será o início do novo texto. A realização de uma colagem dessa série ocorre por meio da efetuação de uma maneira específica de leitura. As passagens do texto mantêm entre si virtualmente uma correspondência, quase que uma atividade epistolar, que atualizamos de um jeito ou de outro, seguindo ou não as instruções do autor. Carteiros do texto, viajamos de uma margem à outra do espaço do sentido valendo-nos de um sistema de endereçamento e de indicações que o autor, o editor, o tipógrafo balizaram, nos diz Pierre Lévy, para então prosseguir: Mas podemos desobedecer às instruções, tomar caminhos transversais, produzir dobras interditas, estabelecer redes secretas, clandestinas, fazer emergir outras geografias semânticas. Tal é o trabalho da leitura: a partir de uma linearidade ou de uma platitude inicial, esse ato de rasgar, de amarrotar, de torcer, de recosturar o texto para abrir um meio vivo no qual possa se desdobrar o sentido. O espaço do sentido não preexiste à leitura. É ao percorrê-la, ao cartografá-la que o fabricamos, que o atualizamos.[52]

Um dos elementos que me parece interessante nesse processo de composição é justamente a cartografia, a ideia de um trajeto, um itinerário que o leitor percorre por entre páginas de diferentes livros. A ideia não só do deslocamento de um texto para outro lugar, mas também o deslocamento do olho, de um livro de Philip Roth para um de Graciliano Ramos, de *Pinocchio* para *Crime e castigo*, de J.K. Rowling para Lourenço Mutarelli. No resultado final, a oferta das referências possibilita a reconstrução desse mapa. Um avançar que abre uma trilha em meio ao matagal de livros na estante. Percurso que poderá ou não ser refeito.

A inserção de referências agrega um questionamento específico em relação à propriedade das palavras. No *mash-up* intitulado "Ainda hoje", apresentado como número 62 no blog *MixLit*, o texto começa da seguinte maneira:

---

52 Lévy, 2003, p. 26.

Com um semblante consternado, ela se inclinou, deu-me um beijo e murmurou: "Você está com aquele seu olhar de órfão novamente."
"Não", eu disse, também pesando cuidadosamente.[53]

Nesse início há trechos copiados de quatro autores diferentes: Josué Montello, Alain de Botton, Machado de Assis e Péter Esterházy. O trecho de Machado de Assis é o mais curto. Trata-se de "não". Tal "não" se encontra na página 207 da edição de *Quincas Borba* publicada pela editora Garnier em 1998. Ora, por que retirar esse "não" justo dali? Um simples "não" é uma palavra que se encontra em qualquer livro, em qualquer lugar, é praticamente impossível que qualquer texto com algumas páginas, publicado em língua portuguesa, não contenha a palavra "não". Aqui, o leitor (eu, no caso) se transforma em autor (eu também, no caso), uma autoria que se trata de conferir autorias. Espécie de curadoria de trechos que, ao ter toda a responsabilidade sobre o resultado artístico do trabalho, acaba por se transmutar de curadoria para autoria. Nesse caso, como autor-curador, confiro a autoria daquele "não" a Machado de Assis. Diferentemente de trechos mais longos, casos em que não posso determinar a origem, aqui sou eu (leitor-autor) quem define a autoria desse "não". E eu escolhi dar esse "não" a Machado de Assis. Como um *mash-up* é uma teia, uma rede, e posso imaginar um leitor de *mash-up* puxando os fios dessa teia, adentrando a rede, a minha escolha é abrir uma trilha que possa levá-lo a Machado de Assis, e não a qualquer outro escritor. Eu poderia dar esse "não", sei lá, a Haruki Murakami, mas optei por dar esse "não" a Machado. Prefiro que a minha teia abra um caminho até Machado do que a Murakami ou outro escritor. O "não" é de todos, ora. Sim, as palavras são de todos. A maneira como elas são expressas, as ligações que se fazem entre elas é que pode ou não se tornar pessoal. Um "não" está no dicionário. Um escritor poderia ser considerado como um DJ que trabalha com apenas uma fonte: o dicionário. Todas as palavras estão ali, ele só tem que organizá-las.

---

53 Villa-Forte, 2009-2015, não paginado.

A hiperleitura é praticada a cada momento que precisamos executar várias atividades ao mesmo tempo ou quando estamos lidando com nossos aparelhos multitarefas. Talvez possamos dizer que se trata de uma leitura horizontal, pulando de ponto para ponto, e menos vertical, que seria aquela leitura que mergulha nas profundezas de uma fonte e avança por um tempo duradouro. Enquanto um texto em papel é, materialmente, sempre o mesmo, um hipertexto está permanentemente em atualização. Um hipertexto é uma matriz de textos potenciais, sendo que alguns deles vão se realizar sob o efeito da interação com um usuário,[54] diz Pierre Lévy. Não há um caminho único, o usuário o gera à medida que navega. Face à comparação entre cinema e fotografia, Roland Barthes afirma que diante da tela, não posso fechar os olhos; se o fizesse, ao voltar a abri-los não encontraria a mesma imagem; estou, pois, sujeito a uma voracidade contínua.[55] A fotografia equipara-se ao texto em papel. Feche os olhos, abra os olhos, e os sinais gráficos continuarão os mesmos. Não podemos comparar o hipertexto ao cinema, já que um filme faz avançar suas imagens de maneira independente das escolhas do espectador. O hipertexto necessita das escolhas do usuário para que se delineie.

O recorte e cole, e a bricolagem ou o *mash-up* oriundos da hiperleitura, trabalham a simultaneidade e a dispersão. Representam a velocidade das mudanças, de alteração de uma coisa para outra, um fragmento para outro, um autor para outro, um livro para outro, uma referência para outra, um link para outro: interrupção e continuação, interrupção e continuação. Passa-se por muitos e por muito pouco de cada um. Como podemos pensar, nessa esfera, na produção de sentido?

Na série de colagens *MixLit*, realizo conexões orientado por uma busca por sentido. A ideia é construir uma narrativa com unidade próxima ao que podemos chamar de orgânica, em que haja um *continuum* lógico narrativo. Procuro fazer com que o texto so-

---

54 Lévy, 2003, p. 40.
55 Barthes, 2009, p. 65.

breviva, para além do seu método, como um miniconto, uma prosa curta tradicional, assim como fazem, em poesia, as googlagens de Angélica Freitas. Fora o fato de todos os versos terem início com a expressão que ela buscou no Google, são poemas que não oferecem grande dificuldade para que o leitor lhes atribua sentido. Nisso não se diferenciam especialmente, a não ser por seu trabalho com a repetição, com o acúmulo, é claro. Por isso, o processo de composição do texto não tem seu brilho apenas em si mesmo. O poema parte de um processo para ir além dele. Da mesma forma, deixaríamos de fruir do poema em sua potência máxima se o isolássemos no seu resultado, excluindo o que há de interessante em seu processo. A citação não tem sentido em si, porque ela só se realiza em um trabalho, que a desloca e a faz agir... ela não tem sentido fora da força que a move, que se apodera dela, a explora e a incorpora. O sentido da citação depende do campo das forças atuantes: ele é essencialmente variável,[56] diz Antoine Compagnon.

Uma das forças atuantes nesse tipo de procedimento é justamente o desejo. Para Peter Brooks, a criação de uma unidade identitária se torna problemática e difícil em razão da desgovernabilidade do desejo. O desejo seria caracterizado pela errância. A narrativa ocuparia a função de um organizador do desejo. Uma maneira de agir em direção a determinado projeto e enfrentar os obstáculos que esse projeto coloca, para que início e fim estejam ligados, e não dispersos até onde não seja nem possível reconhecê-los. Narrativa é iniciar e acabar. No caso de *MixLit*, a paixão pelo sentido, além da própria navegação, é o que move a costura, o enredo, o enredar, que leva do início ao fim. Unir trechos dispersos em materiais, tempos e estilos diferentes, de modo que a cola que se aplica faça a coleção se superar como uma união de fragmentos e tornar-se uma nova unidade. Então, a unidade adquire e emana novos significados. Costurar para conferir um sentido ao percurso. Um texto em que sua própria história de composição se faz presente. Difícil dizer o que mobiliza mais: a paixão pelo sentido ou o próprio jogo do fazer, o

---

56 Compagnon, 2007, p. 47.

trabalho em processo, o percorrer. Dessa maneira, há uma organicidade no texto que se percebe pelo fato de todas as partes estarem submetidas a um todo harmonizado, caracterizando a série como um trabalho que não seria de vanguarda. Ao mesmo tempo, os trechos apontam para um fora, qual seja, os autores e livros dos quais são feitos, e aí temos uma parcela de mediação. O leitor é requerido a investir na unidade do trabalho, já que ele é feito de texto, mas não apenas o texto narrativo ficcional em si.

Efeito semelhante acontece em "3 poemas com auxílio do Google" de Angélica Freitas. O poema se lê como um texto com unidade entre a ideia geral e os versos, um por um, sem incongruências. Só que os versos apontam para fora na medida em que a poeta afirma que são poemas feitos com auxílio do Google – não são poemas feitos em homenagem ao Google ou com o pensamento no Google, ou a partir dos afetos que a poeta sente quando usa o Google, são poemas feitos com, por meio de, através. Neles, Freitas torce os sentidos originais dos trechos que encontra online e lhes confere novos sentidos ao compor uma nova peça. Freitas buscou no Google as seguintes expressões: "a mulher vai", "a mulher pensa" e "a mulher quer". Este é "a mulher quer", o último dos três poemas da seção:

a mulher quer ser amada
a mulher quer um cara rico
a mulher quer conquistar um homem
a mulher quer um homem
a mulher quer sexo
a mulher quer tanto sexo quanto o homem
a mulher quer que a preparação para o sexo aconteça lentamente

a mulher quer ser possuída
a mulher quer um macho que a lidere
a mulher quer casar
a mulher quer que o marido seja seu companheiro
a mulher quer um cavalheiro que cuide dela
a mulher quer conversar pra discutir a relação

113

a mulher quer conversar e o botafogo quer ganhar do flamengo
a mulher quer apenas que você escute
a mulher quer algo a mais do que isso, quer amor, carinho
a mulher quer segurança
a mulher quer mexer no seu e-mail
a mulher quer ter estabilidade
a mulher quer nextel
a mulher quer ter um cartão de crédito
a mulher quer tudo
a mulher quer ser valorizada e respeitada
a mulher quer se separar
a mulher quer ganhar, decidir e consumir mais
a mulher quer se suicidar[57]

Em razão da escolha da terceira pessoa gramatical para falar sobre a mulher, a voz pronunciada faz as vezes da voz de um outro indefinido. Pode ser um outro não mulher que realiza inferências sobre o que certa mulher quer ou sobre o que a mulher em geral, como gênero, costuma querer – e só o ato de realizar essa generalização já diz algo. E pode ser, também, a voz da própria mulher exprimindo sua percepção acerca de si, como também pode ser uma mulher expressando sua visão em relação a outra mulher ou às mulheres em geral. Qualquer uma das cinco vias torna o texto acidamente doloroso.

O que o poema nos apresenta é uma variedade de opiniões em estilo senso comum acerca da mulher, como "a mulher quer ter estabilidade", "a mulher quer um homem", "a mulher que ser amada", "a mulher quer casar". Em certos momentos, versos como "a mulher quer segurança" jogam com a ideia de que as mulheres querem, mais do que os homens, relacionamentos estáveis e, assim, logo após esse, um verso como "a mulher quer mexer no seu e-mail" gera efeito cômico, pelo contraste entre o tema universal, amplo e afetivo do primeiro e o tema estritamente objetivo e prosaico do verso seguinte.

---

[57] Freitas, 2012, p. 72.

De fato, esse segundo verso é tão prosaico que gera curiosidade em relação a quem um dia terá escrito na internet esse texto e qual seria o seu contexto original. Ao se apropriar desse tipo de material, Angélica realiza uma espécie de arquelogia do pensamento sobre a mulher numa certa época, num certo lugar e numa certa esfera da sociedade. As frases publicadas na internet – tornadas versos por Angélica – demonstram o absurdo em pensamentos que, em seu contexto original, provavelmente não foram pronunciados como piadas, mas como opiniões generalizantes em torno da figura da mulher. Angélica aplica assim o *détournement*, ao fazer o discurso montado por ela se virar contra os originais, usando-os para fazer oposição a eles.

Ao digitar "uma mulher vai" na caixa de busca do Google, Angélica cria uma restrição: tudo o que achar – e que ela tornará versos – deve começar com "uma mulher vai". A partir daí, nasce sua liberdade para selecionar e manejar aquilo que o Google lhe oferecer. Angélica atua como uma espécie de curadora e artista ao mesmo tempo. Faz a proposta ao Google e maneja a matéria-prima para definir o resultado de uma nova ordenação. Esse tipo de poema procedimento introduz uma questão: como ele pode ser traduzido?

Os poemas foram gerados por meio de buscas por uma expressão específica. O fato de essas buscas terem sido feitas em língua portuguesa é o que torna os poemas o que eles são. Se Angélica tivesse pesquisado a mesma expressão em língua inglesa, por exemplo, ela encontraria resultados diferentes e teria composto versos diferentes. Assim, uma tradução desses poemas trabalha não só a língua como o seu próprio processo de composição.

Em uma conversa para a revista inglesa *Modern Poetry in Translation*, perguntei exatamente sobre isso a Hilary Kaplan, tradutora dos livros de Angélica Freitas para o inglês. Hilary considerou que poemas de procedimento levantam uma questão interessante quanto à tradução: Deve a tradução enfatizar o conteúdo ou seu processo de composição? O que é o "poema"? Para a publicação na MPT, escolhi traduzir – disse **Kaplan** – a língua da Angélica, os resultados do procedimento dela, para transmitir os resultados da busca dela e sua composição específica. Outro caminho, que debati com Angélica, envolvia eu fazer minha própria busca utilizando equivalentes em inglês aos termos dela, para traduzir o procedimento.[58] Cito Hilary por conta dessa dupla possibilidade: o poema pode ser traduzido por seu conteúdo – um caminho que sustenta diversas possibilidades dentro de si – ou o poema pode ser traduzido em seu procedimento. São duas intenções diferentes. Ambas fazem parte de possíveis traduções da obra: os poemas de Angélica são tanto contexto quanto conteúdo. A própria Hilary pergunta: "O que é o poema?" Ele é tanto o que diz quanto a maneira como foi feito. Impossível verter ambos os elementos numa mesma tradução para outra língua. Assim como também seria com *Delírio de damasco*, *MixLit*, *Tree of Codes*, *Nets*, *Day*, *Sports*, *Traffic* ou *The Weather*. Tanto que o livro *Trânsito* é classificado como uma "versão dublada" de *Traffic*, de Kenneth Goldsmith. Os poetas Marília Garcia e Leonardo Gandolfi replicaram o procedimento. Em vez de gravarem o áudio de uma rádio de Nova York, como fez Goldsmith, a dupla gravou o áudio de uma rádio de São Paulo, mas por um período mais breve do que o gravado por Goldsmith. *Traffic* é uma edição de 24 horas de boletins de trânsito, enquanto *Trânsito* é resultado de 3 horas de gravação. Diferentemente do que Hilary Kaplan fez com os poemas de Angélica Freitas, Marília Garcia e Leonardo Gandolfi colocaram o gesto, e não o conteúdo do material traduzido, em primeiro plano. Consideraram que faria mais sentido para nós, leitores brasileiros, um livro com conteúdo local, e não um conteúdo relacionado ao trânsito de Nova York, com nomes de ruas e locais pouco familiares a leitores daqui. Outra diferença é que em *Traffic* a cada emissor diferente (o radialista, a publicidade etc.) é feito um novo parágrafo. Já em *Trânsito* cada intervalo de tempo ganha um parágrafo só onde vozes de diferentes origens não se diferenciam espacialmente no papel. Como os próprios editores e dubladores dizem, com essas diferenças entre as duas publicações, surgem alguns riscos, entre eles, o de se extraviar um dos propósitos iniciais do livro, que é o de

---

58 Kaplan, Dugdale & Villa-Forte, 2014, p. 49. Tradução minha.

dar a ver a linguagem massiva, registro que estaria em consonância com os congestionamentos. Por outro lado, a versão em português se concentra no jogo de indistinção de vozes e assinaturas, gesto que estaria em consonância com a ação da dublagem.[59] De fato, *Trânsito* é um livro que se lê mais rápido do que a duração de um congestionamento em horário de pico numa cidade como São Paulo, o que provavelmente não acontece com a massa da linguagem acumulada em *Traffic*. Esse encurtamento de tamanho, aliado à presença de elementos que tocam emocionalmente, de maneira muito direta, o leitor brasileiro, faz de *Trânsito* uma obra mais convidativa à leitura do que *Traffic*.

Quando for pra Ibiúna, vou procurar balas de coco e trazer para toda a equipe, ele diz. Aí, sim, temos um vencedor! Muito bem, parabéns. Meu nome é Reginaldo e sou viciado na bala 7Belo. Realmente é difícil parar, né, realmente. O Yakult não mudou de gosto. Na verdade, o Yakult mudou de preço. E muito. Tem o dia do Yakult ainda? Tem sim, eu lembro que minha mãe falava, e eu não sei se ela falava porque fazia mal ou porque era caro e não dava pra comprar toda hora. Ela falava: um só por dia. E é um só por dia mesmo. Eu também aprendi assim. Acho que é verdade, se não me engano acho que, no máximo, dois por dia, por causa dos lactobacilos vivos. Exato, é isso mesmo, teve até uma vez que falaram: tombou um caminhão de Yakult e havia mais de dois milhões de lactobacilos mortos no dia desse tombamento. E doce de banana no copinho? Adoro.[60]

Obviamente, a língua portuguesa por si, em geral, já é mais convidativa para a leitura para um brasileiro do que a língua inglesa. Entretanto, é possível que, assim como Yakult ou doce de banana no copinho tocam afetivamente os brasileiros, referências presentes no texto de *Traffic*, como o Yankee Stadium, possam disparar afetos em leitores estadunidenses e, principalmente, nova-iorquinos. Mesmo

---

59 Gandolfi & Garcia, 2018, p. 28.
60 Goldsmith, 2016, p. 13-14.

assim é perceptível como de *Traffic* para *Trânsito* a proposta perde em enfado e dureza, perde em tédio – que se deve à quantidade de informação objetiva sem respiro – e ganha em suavidade, convite e comicidade, em razão, principalmente, do seu tamanho reduzido e da participação de muitas vozes, e não só de um radialista que centraliza a informação. Leonardo Gandolfi e Marília Garcia apropriam-se do "mecanismo" vanguardista de *Traffic*, mas retiram-no de sua aura (tanto em sentido corrente quanto benjaminiano de ilegibilidade), propondo antes uma experiência de contato e fruição,[61] como considera Filipe Manzoni. Essa faceta afasta a versão brasileira dos pressupostos conceituais iniciais da obra de Goldsmith, mas abre uma nova janela na sua proposta: *Trânsito* confere a *Traffic* um aspecto de gatilho para novas "versões". *Traffic* ganha a possibilidade de ser pensado não como obra mas como uma proposição, a qual poderia ser refeita com características locais em cada país ou cidade. Essas possibilidades, fruto da escolha de Leonardo Gandolfi e Marília Garcia, certamente são mais ricas e potentes do que uma possível tradução ao pé da letra do texto (não) original estadunidense.

Agora pensemos numa tradução para as colagens *MixLit*: traduz-se fragmento por fragmento ou vai-se em busca daqueles fragmentos nos livros já traduzidos para a língua para a qual os *MixLit* seriam traduzidos? Impossível, até porque muitos dos livros só existem em português. E como traduzir *Day*? Seria preciso traduzir uma edição inteira do *New York Times* em português. Essa tradução para português não levaria a um deslocamento do original em inglês, mas a algo que envolveria também uma adaptação ou produção de um objeto análogo ao original em inglês. Ou podemos replicar o procedimento, e assim faríamos o mesmo que Kenneth Goldsmith fez, só que com *O Globo* ou a *Folha de S.Paulo*, ou o *Correio da Bahia*. Se for visto como texto, como literatura, traduz-se o conteúdo. Se for visto como arte, traduz-se o procedimento.

Comecei a fazer algumas experiências com o google lá por 2004, 2005, por curiosidade, mesmo. não tinha notícia de ninguém

---

61 Manzoni, 2018, p. 39.

fazendo poemas com o Google. e bem, minha preocupação nunca é "fazer poemas", mas ver no que a coisa vai dar, sempre tentando me divertir bastante no caminho. [...] Coloquei as palavras "rimbaud shot verlaine" no google e li os resultados. eram vários textos contando a história de maneiras levemente diferentes, com algumas disparidades nas datas do ocorrido, por exemplo. recortei frases dos textos e fui montando um outro texto intuitivamente. [...] Corta pra 2011, quando estava escrevendo os poemas de "um útero é do tamanho de um punho". decidi procurar na web textos sobre o corpo da mulher, pra ver como eram escritos, como era a linguagem, que palavras eram usadas, se havia alguma estrutura ou pensamento recorrente. E como o google também é um termômetro da internet, resolvi procurar as frases "a mulher vai", "a mulher quer" e "a mulher pensa" pra tomar um pouco a temperatura. Me surpreendi, encontrei muitas piadas, textos machistas, preconceituosos... fiz uma seleção das frases, recortei-as e colei para tentar buscar um sentido.[62]

Nas palavras de Angélica Freitas, o *mash-up* parece uma atividade de investigação. "Ver no que a coisa vai dar." "Tentar buscar um sentido." Percebemos que não se trata de uma investigação à procura de algo que nos aguarda ao final, mas uma investigação pela viabilidade de produção de discurso. O interesse reside, em grande parte, no processo. À pergunta "É possível achar sentido por entre todas essas fontes?", Freitas submete o seu texto ao acontecimento e ao acaso, colocando-se numa posição que admite a sua falta de controle total sobre aquilo que, ela mesma como poeta vai veicular. O escritor se desresponsabiliza por parte do processo de composição do texto. Não há dúvida de que ele assina o resultado final, sendo responsável pelo mesmo. Mas aqui se manifesta um desejo de fazer com que o discurso coletivo seja parte da construção de um discurso individual e vice-versa. Certa vontade de escrever com os outros. Freitas torna a escrita uma atividade coletiva. Se aquilo que eu escrevo na internet pode ser captado pelo Google, pode um dia estar num poema de Angélica Freitas sem que eu saiba.

---

62 Freitas, 2014, não paginado.

Na internet, o discurso pode ou não figurar ao lado de uma assinatura – e, mesmo com assinatura, nunca sabemos ao certo se devemos confiar nela. Se Freitas utilizasse referências para indicar o local/site/link de onde retirou os versos dos seus poemas, possivelmente o caráter universal dos poemas perderia força, pois ela "localizaria" os versos. Seria uma espécie de catálogo, mais do que um poema, ou um poema em forma de catálogo, que não é a intenção da autora. Seria também uma espécie de caça às bruxas, um "apontar o dedo", já que muitos dos versos dizem bobagens. Assim, a ausência de referências não é um "ato natural", mas premeditado, por conta dos seus efeitos. A ausência atua até numa potencialização da ideia de anonimato das pessoas que se manifestam na rede. Muitos acreditam que podem dizer o que quiser online e que, se os outros se ofendem, problema deles. Angélica Freitas joga com esse anonimato ao não inserir referências, fazendo ressoar em seu poema a diluição de autoria frequente em ambiente digital. Dessa forma, insinua que o que é dito ali poderia estar na boca de qualquer um, constituindo um discurso geral da sociedade.

Em toda sociedade a produção do discurso é ao mesmo tempo controlada, selecionada, organizada e redistribuída por certo número de procedimentos que têm por função conjurar seus poderes e perigos, dominar seu acontecimento aleatório, esquivar sua pesada e temível materialidade.[63] O discurso captado por Freitas é o que versa sobre uma mulher cheia de desejos, do campo afetivo e sexual ao campo familiar e financeiro. Alguém poderia dizer: mas quanta coisa essa mulher deseja! Será que todas as mulheres desejam todas essas coisas? Nessa quantidade? E essas mesmas coisas? Soa tão ridículo, num texto que pretende retratar uma mulher, dizer que "a mulher quer nextel" ou tão machista dizer que "a mulher quer um macho que a lidere". Esse tipo de discurso, posto em palavras, ficaria preso na imensidão da internet – o excesso de documentos é também uma forma de controle, os discursos se nivelam e nenhum adquire maior relevo do que outro. Ao fazer exatamente o que Fou-

---

63 Foucault, 2012, p. 9.

cault diz, "selecionar, organizar e redistribuir", Freitas atua como uma operadora do contrapoder, visto que ela não busca dominar o aleatório nem esquivar sua pesada e temível materialidade, mas, pelo contrário, escancará-la. Dizer "isso aqui existe e é real, não é só uma besteirinha perdida na internet" (e talvez você, eu ou o meu vizinho dissesse algo parecido). Dessa forma, Freitas, assim como Verônica Stigger em *Delírio de damasco*, atua contra tudo aquilo que busca esconder esse tipo de discurso, potencializando seu gesto de contrapoder ainda mais ao demonstrar que, para dar relevo a esse discurso, não é preciso falar sobre ele, não é preciso inventar frases sobre ele, basta mostrar, com algum distanciamento do contexto inicial, o que as próprias pessoas andam dizendo, e, por si só, isso já será chocante. Em ambas as obras, o que opera é aquilo indicado no início do "Poema atravessado pelo manifesto sampler":

> invadir o corpo do mundo
> aceitar
> o
> caos
> atuar no esvaziamento das certezas[64]

O prazer de destruir e construir, de quebrar e remontar, de invadir o corpo do mundo parte de uma investigação tátil. Uma paixão física. Conhecer por dentro. Testar como funciona. Experimentar os encaixes do objeto, invadir o circuito da máquina. É, de fato, o que sempre fizemos na infância com nossos brinquedos. Aos poucos, à medida que crescemos, somos orientados a perder essa paixão tátil e invasora, e falar com a nossa "própria voz". "Responda com suas próprias palavras", diz a questão na escola. As "próprias palavras"? O que a questão escolar quer dizer é "não copie do enunciado nem do livro de estudo". Mas, como o aluno também não pode ir muito além da pergunta, o que está implicitamente dito é "responda aquilo que esperamos, mas não de maneira exatamente igual à que está no livro que estudamos". Ou seja, apenas reformule o que já estudou. Faça

---
64 Mello, 2012, p. 11.

uma versão. Reproduza o que dissemos, mas com palavras diferentes. Engrosse o coro. Nisso, aquele prazer tátil da experimentação, do desvendamento e da reconstrução sem finalidade predeterminada ganha ares de uma fase que existiu apenas para a superarmos. Imagino que quando bem velho – se eu ficar bem velho – reencontrarei o puro prazer do recorte: voltarei à infância. Todas as manhãs, receberei o jornal, que recortarei linha por linha, em longas tiras de papel que colarei umas às outras e enrolarei como uma fita de máquina de escrever. Meu dia estará cheio: não lerei mais, não escreverei mais, não saberei mais nem escrever nem ler, mas estarei ligado ainda ao papel, à tesoura e à cola.[65]

A infância como lugar de investigação física, disso nos fala Antoine Compagnon. Mas reparem: ele fala dessa investigação imaginando-se na velhice. Por que não poderia reencontrar esse prazer como jovem adulto ou alguém de meia-idade, antes de envelhecer? Reparem também: Compagnon fala de recortar jornais. Não fala de recortar livros de literatura. Talvez esteja sugerido aí, inadvertidamente, o respeito que o filósofo francês dedica aos livros, bem diferente daquele que dedica aos jornais. De fato, por toda a educação e respeito à literatura adquiridos pelos séculos não é todo mundo que olha para os sonetos de Shakespeare ou para um conto de Borges ou um romance de Bruno Schulz e os vislumbra como material ao qual deveriam acrescentar algo, ou retirar algo, ou intervir de alguma maneira. Há gente que nem rasura seus livros, não escreve comentários e insights nas margens, não sublinha passagens tocantes. E, assim, os livros ficam, nas estantes, igual saíram da livraria. Um produto industrial: igual ao livro de qualquer outra pessoa. Deixam de ganhar, nas suas páginas, uma vida só deles. São corpos que não foram invadidos. A leitura como um resguardo aos livros. Postura de conservação da matéria. Em oposição, a leitura como um ataque aos livros, postura de adição.

---

65 Compagnon, 2007, p. 11.

ESCRITA, MATÉRIA, SENTIDOS EM PROFUSÃO

Estou achando cada vez mais difícil simplesmente "escrever". O ato de selecionar e esculpir colagens de texto ou som tornou-se minha função "artística" primeira. Gerar de fato aquele texto ou música me parece cada vez mais difícil. Ultimamente, sento com uma tela em branco e sinto que tenho que escavar bem fundo para chegar à minha própria voz e fazê-la passar por cima do coro de *samples*. É um sentimento muito estranho, como um maestro tentando cantar mais alto que a orquestra, e é, acredito, um sentimento novo para artistas.[66]

David Shields, *Reality Hunger: a manifesto*

Diante da imensa oferta, David Shields luta contra a paralisia. O escritor estadunidense parece se sentir enterrado debaixo de tantas vozes que se fazem presentes em seu cotidiano. Achar uma voz, uma voz singular de um autor, parece-lhe uma tarefa hercúlea de tal maneira que ele prefere apropriar-se das vozes dos outros.

Quem alcançar as últimas páginas de *Reality Hunger: a manifesto* verá, entretanto, que a citação está creditada a Brian Christian, outro escritor estadunidense. Mas, apropriando-se dela, Shields a

---

66 Tradução minha.

tornou sua também. Para qualquer leitor, a referida fala soa tão própria a Shields, tão contextualizada dentro de sua carreira como um professor e autor de romances, e que, com *Reality Hunger*, apresenta uma mistura de citações de outros autores e trechos de sua autoria, que a fala parece ser mesmo sua, algo que sairia de sua mão, de sua caneta, de sua boca, configurando-se até mesmo num eficaz resumo do seu livro. Mas o caso é que Shields lê tanta coisa que sente que precisa atuar sobre elas, tratá-las de alguma forma para além da leitura. Ele busca construir para si uma coleção daquilo que mais o toca. Quer tornar o que o toca parte de si. Assim, quando lê algo, já está realizando uma atividade de prefiguração daquilo que poderá entrar no seu próprio trabalho. Ele está selecionando matéria-prima, leitura que nunca é descompromissada. Leitura que nunca descansa. Shields descansa da busca por uma voz própria como autor. Por outro lado, investe na leitura como ato (re)criador, em busca de material para compor uma escrita.

O texto lido é matéria que deverá ser tratada à maneira de uma criança que brinca com blocos, aliada à tarefa intelectual de buscar um fim específico para o texto – o que diferencia a narrativa de montagem das iniciativas como a poesia aleatória de Tristan Tzara e o dadaísmo, que privilegiava a formação completamente espontânea de texto, não mediada por uma instância narrativa, e sem finais de harmonia, mas de choque. Como diz Erich Köhler, o devotamento entusiástico ao material e sua resistência, produtora de acasos, desde os poemas de pedaços de papel de Tristan Tzara até o mais moderno dos happenings, não é causa, mas consequência de um estado da sociedade, na qual tão somente o que se manifesta por meio do acaso é poupado da falsa consciência, fica livre da ideologia e não é estigmatizado pela total reificação das condições humanas da vida.[67]

A escrita não criativa comentada aqui como signo do século XXI já não trabalha com o acaso de maneira tão franca, ela opera com intencionalidade e parte de leituras compromissadas. Talvez

---

67 Citado por Bürger, 2008, p. 119.

por uma admissão de que seja impossível, hoje, escapar por completo da consciência. Não há a utopia da ruptura total com a consciência – uma utopia que, fazendo um exercício de especulação, talvez esteja presente hoje na arte que trabalha a partir de algoritmos. Na escrita não criativa, no entanto, ainda que se opere com o acaso (como as googlagens), não se pode pensar em ausência de ideologia – numa fuga da determinação das condições humanas – por meio da colocação em funcionamento de um autor maquinal, um autor entediado, burocrata que registra e transcreve, apaga e reordena ao sabor de restrições arbitrárias. Pois, mesmo assim, o que há são graus menores e maiores de intervenção da consciência do autor, a depender de como ele escolhe seu material e de como ele trabalha a sua reproposição – e, ainda, o investimento autoral no pré-texto, no procedimento que engendra e narra a obra/resultado. A busca da seleção, edição e ordenamento, a fim de chegar não exatamente a um fim previsto, mas a um fim com certa unidade, assemelha-se aos modos de um artesão, que precisa esculpir, de sua matéria-prima, alguma figura. Aqui, desconstrução não indica exatamente destruição. A consciência do autor está em jogo, não como criador, mas como curador de linguagem, manejador de citações.

Para Antoine Compagnon, a citação é contato, fricção, corpo a corpo; ela é o ato que põe a mão na massa – na massa de papel.[68] Em consonância com esse gestual do contato, da fricção, Frederico Coelho e Mauro Gaspar tratam da escrita *sampler* como uma forma de "dobrar" a matéria, a referência, o sujeito que existe e cria uma nova/outra/diferente subjetivação do texto.[69] Ora, não era exatamente dobrar a matéria – a folha – que William Burroughs fazia em seus *fold-ins*, experimentos em que dobrava textos de diferentes maneiras à procura de possíveis junções e continuações não previstas nos textos originais?

O mundo contemporâneo é pródigo em apresentar sentidos isolados. Estamos sendo bombardeados por jornais, televisões, pa-

---

68 Compagnon, 2007, p. 28.
69 Coelho & Gaspar, 2005, não paginado.

lestras, notícias, interpretações, que nos indicam quais sentidos devemos dar a determinado acontecimento ou objeto, mesmo que um sentido oferecido seja impossível de dialogar com outro sentido. O progresso das máquinas e dos meios de comunicação fez com que mais vozes pudessem ser ouvidas. Há mais livros, mais filmes, mais músicas, mais exposições, tudo existe em abundância.

Quanto à abundância de textos e livros, tudo leva a crer que, hoje, talvez seja mais importante saber o que não ler do que saber o que ler. Inúmeros lançamentos se juntam aos livros nas prateleiras e nos arquivos a cada semana. Como dar conta de ler tanta coisa em tão pouco tempo e criar uma relação significativa entre as experiências de leitura de cada um? *Tree of Codes* trabalha com a questão da quantidade num viés que não é exatamente esse, mas que podemos pensar como um "emagrecimento" da obra original. Ao olhar para *The Street of Crocodiles*, em algum momento Jonathan Safran Foer pensou: é possível, desta quantidade de texto, retirar uma parte considerável e ainda assim continuar contando uma história boa e compreensível?

Tree of Codes é um invasor de corpo. Safran Foer pegou o livro *The Street of Crocodiles*, de Bruno Schulz, seu livro preferido de infância, e apagou algumas passagens, deixando apenas as que ele escolheu. Essas passagens escolhidas por Safran Foer formam ainda uma narrativa, uma outra narrativa, que não é aquela de Bruno Schulz, mas a que Safran Foer desencavou a partir das palavras de Schulz. O livro de Safran Foer, obviamente, contém muito menos palavras que o original. Gráfica e materialmente, o apagamento das palavras se produz por meio de buracos no livro. É um livro esburacado. Onde antes havia algumas palavras, agora há um vazio, um recortado, um espaço – deixando o leitor entrever a página seguinte (o que pode sugerir uma leitura em planos: o primeiro, a página mais próxima, o segundo, a página por detrás, e assim por diante).

A obra é uma reação à abstração, à invisibilidade ou neutralidade do meio livro. Em *Tree of Codes*, o suporte faz parte da obra, não sendo apenas um repositório para a comunicação textual. É um livro impossível de ser reproduzido em ambiente virtual. Os buracos em cada página só têm impacto se vistos ao vivo, ao virar as páginas e perceber que os buracos criam entrevisões, lacunas, e que o livro é um objeto frágil. Ele traz um trabalho artesanal integrado em si. É um objeto de leitura, mas que não cria seu efeito somente por meio da leitura. É uma reação à abstração da matéria. Uma lembrança de que o suporte livro não é apenas um suporte, mas uma materialidade em si.

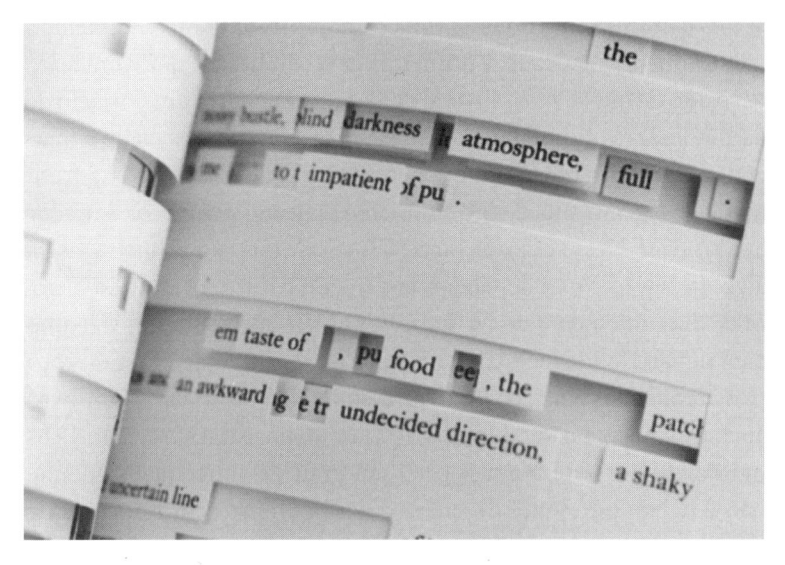

Tree of Codes. Jonathan Safran Foer, 2010.

É como se Safran Foer tirasse a carne ou as gorduras de seu livro fonte e deixasse apenas o esqueleto, os ossos, o necessário para se manter de pé. A utilização dos ossos lembra aquilo que os gregos antigos chamavam de *ostomachion*, ou seja, "batalha dos ossos". Segundo Ausônio, gramático latino do século IV, *ostomachion* era um quebra-cabeça literário feito a partir da fragmentação e recomposição de versos, o método poético do centão, tratado então como *ludus* – de onde vem nossa atual noção de lúdico. Diz o pesquisador Márcio Meirelles Gouvêa Júnior que o próprio termo centão era conhecido em contexto romano antigo desde Catão, significando manto, cobertura de cama ou vestido feito de retalhos de tecidos e de peles de várias cores. Foi, portanto, exatamente sob a acepção de recomposição e de manejo de fragmentos desconexos que o termo alcançou sua específica formulação literária.[70]

A noção de texto como algo material – um jogo, um tabuleiro, um espaço onde as peças colidem e se acomodam. A visão das palavras como ossos nos traz realmente para um ambiente físico, o qual *Tree of Codes* não nos deixa esquecer. A sua imagem e materialidade já nos comunicam de que se trata o seu procedimento. Ou melhor, não de imediato porque, à primeira vista, não se sabe que é um texto derivado de outro. Mas, ao final do livro, se encontra um posfácio de Safran Foer explicando o que ele fez, posfácio que, associado à imagem e à materialidade do livro, já faz com que o leitor possa fruir, mental e fisicamente, do procedimento aplicado pelo autor -curador Safran Foer. Nesse caso, é como *Nets* se cumpre – à primeira visão, algo do seu efeito, independentemente de leitura integral do texto. Mas, diferentemente de *Nets*, *Tree of Codes* apresenta um trabalho com a materialidade – da carne e dos ossos – que nenhum dos outros trabalhos pensados aqui apresenta. Não se trata de um livro apenas para ler ou ver, mas para pegar, manusear. O conceito é comunicado por esse manuseio. O seu grau de conceitualismo, que não é baixo, por conta do efeito que se cumpre sem exigência de leitura, é assim capturado pelo leitor de maneira imediata. Não há dificuldades, mesmo para o leitor pouco afeito a problematizações, em compreender e fruir o efeito conceitual da obra.

No entanto, esse leitor pode ter dificuldades na leitura do texto. Nem todos têm paciência para ler páginas esburacadas. Ao mesmo tempo que, se ignorarem os buracos materiais e concentrarem-se nos ossos do texto de Bruno Schulz, vão se deparar com um texto que não é nada conceitual. É prosa de narração, escrita à maneira como costumamos pensar a "escrita criativa". Personagens com seus problemas, acontecimentos que dirigem a narrativa, encontros, desencontros, sentimentos... No entanto, não é fácil encontrar alguém

---

70 Gouvêa Júnior, 2011, p. 179.

que tenha lido o texto do livro, e não "apenas" sentido o seu efeito pelo que apresenta de imediato.

Tree of Codes é uma narrativa que habita *The Street of Crocodiles*, mas que está submersa nela, e que Safran Foer faz deslizar para fora, revelando-a por debaixo de seu original. Safran Foer explicita a potencialidade de cada texto conter muitos outros dentro de si.

Em *O trabalho da citação*, Antoine Compagnon apresenta o caso curioso de um guarda-florestal que, convidado a participar de uma pesquisa organizada por uma revista literária, fala sobre a sua biblioteca: É meu refúgio, uma toca diante da qual apaguei todas as pegadas – ali estou em casa. Há livros de todos os tipos, mas se você fosse abri-los ficaria surpreso. São todos incompletos, alguns não contêm mais que duas ou três folhas. Acho que se deve fazer comodamente o que se faz todos os dias; então leio com a tesoura nas mãos, desculpem-me, e corto tudo o que me desagrada. Faço assim leituras que não me ofendem jamais. De *Loups* (Lobos), conservei dez páginas, um pouco a menos do que de *Voyage au bout de la nuit* (Viagem ao fim da noite). De Corneille, conservei todo o *Polyeucte* e uma parte do *Cid*. Do meu Racine, não suprimi quase nada. De Baudelaire, conservei duzentos versos e de Mugo um pouco menos.[71]

O depoimento publicado em uma revista francesa no ano de 1933 despertou reações iradas de um crítico parisiense e do escritor Louis-Ferdinand Céline, que mencionou o caso em seu posfácio na edição de *Viagem ao fim da noite* publicada naquele ano. Como será que reagiriam hoje?

A internet trouxe desafios enormes aos escritores contemporâneos, fazendo-os vislumbrar e conceber a linguagem de maneiras nunca antes previstas. Sua natureza é a de nos colocar cara a cara com uma quantidade imensurável de texto produzido. Temos hoje a noção clara de que há livros e textos demais no mundo, que nunca conseguiremos ler todos e que cada livro é uma ínfima gota nesse imenso oceano. Como lidar com essa enxurrada? O que temos a dizer no meio desse oceano? A apropriação faz com que fragmentos

---

71 Compagnon, 2007, p. 30.

da enxurrada possam receber atenção e, em seguida, ser repensados. Que ressaltemos elementos desse oceano e os deixemos falar por si, por meio de nós.

Mesmo o velho Microsoft Word reforçou em nossa subjetividade a ideia de que todo texto é muitos textos possíveis. O programa nos permite apagar, reescrever e editar com uma facilidade que não se via antes. Ao escrever, não só escrevemos mas gerenciamos o texto, jogando um parágrafo mais para antes ou para depois. Na máquina de escrever, isso era impossível. A escrita manual, num papel, também não oferece essa possibilidade com a mesma rapidez (para apagar, por exemplo, precisamos de uma borracha e de esforço para mover a borracha em atrito com o papel). Utilizando o Word, fica mais claro que dentro de cada texto incluem-se diversas outras possibilidades de texto, diversas revisões que foram feitas para que se chegasse ao texto que está à nossa frente agora. Isso estimula a noção de que cada texto guarda outros dentro de si.

No ensaio "O êxtase da influência – um plagiarismo", Jonatham Lethem faz um breve panorama sobre como as ideias e os textos têm sido compartilhados, reutilizados, mimetizados, duplicados, citados, apropriados e pirateados por toda a história da literatura. Em suas quase trinta páginas – e disso o leitor só fica sabendo ao final da leitura –, nada do que está escrito vem dos dedos de Lethem. O texto é uma bricolagem. Assim como David Shields, Lethem expressa sua visão a partir das palavras dos outros. Mas, ao contrário de Shields, Lethem expressa-se somente por meio das palavras dos outros. E o mesmo acontece no já comentado *Ensaio sobre os mestres*, de Pedro Eiras. Neste, uma das fontes mais usadas é a pesquisadora portuguesa Silvina Rodrigues Lopes, que logo no prefácio do livro de Eiras nos faz pensar nos gestos e consequências dessa espécie de leitura-caçadora de citações. Para Lopes, a natureza das citações é serem deslocadas de um contexto para outro, alterando-se nesse movimento quer o ponto de partida quer o de chegada, uma vez que citar é sempre assinalar uma perda de contexto, uma ausência de passado como um todo disponível, e interromper aquilo que seria o contexto atual.[72]

---

72 Lopes, 1998, p. 169 citado por Eiras, 2017, p. 19.

Se lemos já numa busca pelo que citar, pelo que pode nos servir, pelo que poderemos usar, estamos o tempo inteiro interrompendo um livro e pulando para outro. Há sempre algo ao lado, algo por trás de um livro, ele nunca mais está só, pois terminados um parágrafo, uma página, um capítulo, procuramos algum outro elemento que possa nos excitar. A abundância de materiais e o constante *zapping* entre um e outro prejudicam a capacidade de fruição de um conteúdo na sua inteireza. Paul Virilio diz que vivemos hoje uma crise da dimensão do "todo". Nossas noções habituais de superfície, limite e separação estariam dando lugar a noções de interface, permutação, intermitência e interrupção. Diz Virilio que o campo de ação aberto pela técnica e pela tecnologia é um cujos limites objetivos não são percebidos por ninguém, campo de uma dissipação integral, destas estruturas dissipativas cuja amplitude, apesar dos estruturalistas, não podemos mais medir e que atingem as antigas configurações geométricas e arquitetônicas.[73] O filósofo francês considera que precisamos hoje rever de que maneira se estrutura o nosso "espaço mental". Na inclusão do universo digital, acredito que o nosso "espaço mental" mudou. A forma como as mídias se organizam interfere e estimula a maneira como construímos nosso imaginário e nossa percepção, transformando o nosso "espaço mental". Como já dito, a unidade de percepção da leitura era o livro, um objeto com início, meio e fim. Hoje, a leitura na internet não tem fim, ela é um punhado de links que vão levando de um para outro – hipertextos que não têm capa nem quarta capa, apenas miolos que se ligam. Já os dispositivos eletrônicos de leitura, como o Kindle, alteram nossa unidade perceptiva do livro para a biblioteca. O Kindle não é um livro, é uma biblioteca – um dispositivo de armazenamento de textos que podem ser iniciados e trocados por outro a qualquer hora. Quando sentávamos diante de um caderno ou de uma máquina de escrever, estávamos diante de um objeto com capacidade de armazenamento pequena (caderno) ou nenhuma capacidade de armazenamento (máquina de escrever). Nos dois, só era possível fazer duas coisas:

---

73 Virilio, 1993, p. 57.

escrever e ler aquilo que se escreveu (e, na máquina, isso só se fazia enquanto se escrevia, nunca depois de já haver escrito). Hoje, sabemos que ao sentarmos diante de um computador nunca estamos sozinhos com a nossa escrita. A capacidade de armazenamento é gigante. Atrás do arquivo Word aberto, há centenas de outros elementos. E as possibilidades não se resumem a ler e escrever. Escreve-se em meio a uma biblioteca. E por que continuar a escrever se naquele mesmo espaço, à distância de um clique, podemos ler os grandes da história? Escrevendo no computador, estamos sempre dando ombradas em outros escritores, pois, dizem, é preciso resistir à tentação de trocar nós mesmos pelos outros. Que tipo de leitura isso gera? E, se a leitura forma o escritor, que tipo de escrita essa leitura gera? Vivemos hoje uma nova formação textual do escritor do futuro.

ITINERÁRIO, COMPOSIÇÃO E REDE

O escritor latino-americano brinca com os signos de um outro escritor, de uma outra obra. As palavras do outro têm a particularidade de se apresentarem como objetos que fascinam seus olhos, seus dedos, e a escritura do segundo texto é em parte a história de uma experiência sensual com o signo estrangeiro.

Silviano Santiago, *Uma literatura nos trópicos*

Quando comecei a fazer a série *MixLit*, uma das intenções era encontrar, em livros de literatura, trechos que pedem outros trechos, ou seja, a partir de inteiros, construir fragmentos, que, por sua vez, sugerissem continuações. Ali onde o texto fonte se completa, seccioná-lo até fazer com que aquilo seja apenas um apontar para algo, e não um dizer fechado. Para isso, os trechos precisam ser nem tão abertos nem tão fechados. Devem ser um chão, porém um chão poroso, que possa ter sequência na próxima inserção. É preciso impedi-lo de dizer aquilo que ele já diz, ajustando-o em outro contexto, de maneira que dirá outra coisa. Tomarei como exemplo o texto número 67 publicado em *www.mixlit.wordpress.com*, intitulado "As agruras de mamãe", exibido como colagem em algumas exposições.

A narrativa curta começa assim:

> Estávamos apertados uns contra os outros perto da lareira quando, de repente, minha mãe se levantou, desequilibrando toda a turma; surpresos, nós a vimos dirigir-se para a porta e, movida por um obscuro impulso, escancará-la.[74]

O trecho oferece ao leitor algumas certezas: a) as personagens estavam bastante próximas umas das outras; b) o lugar tem uma lareira; c) o narrador fala de um coletivo, formado provavelmente por seus irmãos ou outras crianças; d) o narrador se surpreende com a atitude de sua mãe de escancarar a porta – não fica claro para ele a motivação da mãe ao fazer isso.

Havia uma situação aparentemente confortável, a qual foi rompida, instalando-se a surpresa e o suspense. O ato incompreendido da mãe ao abrir uma porta é a chave que pede continuação. Podemos especular alguns caminhos para uma continuação: a) uma ação subsequente da mãe; b) uma ação subsequente do filho; c) uma ação subsequente do coletivo; d) um novo personagem que aparece na porta, talvez pelo qual a mãe esperava; e) uma atividade mental do filho interpretando as atitudes da mãe; f) uma rememoração do filho, talvez associando aquela cena a outras do passado; g) uma observação sobre os objetos do lugar, como por exemplo a porta, ou o barulho da porta ao se abrir; h) uma observação sobre a luz que entrou pela porta ou sobre a lufada de ar, ou sobre a música que se escutava tocando lá fora; i) uma observação sobre os gestos, expressões, movimentos, roupas da mãe... Enfim, temos aí quase uma dezena de possibilidades narrativas para darmos continuidade ao trecho. Assim, é um trecho com alto potencial de figurar como início num *mash-up* narrativo, visto que ele fecha uma situação e ao mesmo tempo abre para uma multiplicidade de possíveis continuidades.

---

74 Barbery, 2010, p. 307; Villa-Forte, 2009-2015, não paginado.

Muriel Barbery, a autora original do trecho, continua-o da seguinte maneira:

> Estávamos apertados uns contra os outros perto da lareira quando, de repente, minha mãe se levantou, desequilibrando toda a turma; surpresos, nós a vimos dirigir-se para a porta e, movida por um obscuro impulso, escancará-la. Toda aquela chuva, ah, toda aquela chuva... Na moldura da porta, imóvel, os cabelos grudados no rosto, o vestido encharcado, os sapatos cobertos de lama, o olhar parado, estava Lisette. Como minha mãe soubera?[75]

Até aí, o trecho inicial foi continuado por uma mistura de algumas opções que especulamos. As opções *d*, *g*, *h* e *i*. Isso não é uma escolha totalmente livre, mas uma opção que a narrativa do seu livro pedia porque, quando chegamos ao trecho acima, a narrativa do livro já se estabeleceu em grande parte: estamos na página 307 de um livro com o total de 352 páginas. Quando os autores falam "o livro escreveu-se sozinho" é exatamente a isso que se referem. A certa altura, a narrativa já foi estabelecida de tal maneira que as opções de continuidade se afunilam, parecem não ser escolhidas pelo autor, mas requeridas pelo próprio texto. As possibilidades vão se afunilando: quanto mais se escreve, menos se pode escrever. A folha em branco contém todas as possibilidades – ela contém tudo o que pode acontecer. Quando se escreve, iniciam-se as restrições. A folha em branco amedronta tanto os escritores por causa disso: dela se pode ir para qualquer lugar, qualquer direção. Mas um escritor nunca quer fazer qualquer coisa, ele quer criar certo universo, mesmo que mínimo. E certo universo, um universo específico, proposto pelo escritor ou pelo artista, vem de o escritor ou artista apresentar algo para o leitor, nem que seja uma moldura em torno da folha em branco, no caso da arte conceitual, pois uma moldura já é um acréscimo à folha em branco. Por isso, o começo muitas vezes é o mais difícil, porque é o começo que rompe com a

---

[75] Barbery, 2010, p. 307.

ideia de que temos todas as possibilidades. Mas é tão difícil quanto estimulante.

No caso do *MixLit* em que usei o trecho de Muriel Barbery, continuei-o da seguinte maneira:

> Estávamos apertados uns contra os outros perto da lareira quando, de repente, minha mãe se levantou, desequilibrando toda a turma; surpresos, nós a vimos dirigir-se para a porta e, movida por um obscuro impulso, escancará-la.[76] Ela ficou ainda um tempo com um sorriso no rosto. Alçou os ombros ligeiramente. Foi à janela, o olhar cansado e vazio:
> – Talvez eu deva ouvir música.[77]

Encontrei, em *Perto do coração selvagem*, de Clarice Lispector, esse trecho que se conecta ao trecho de Muriel Barbery. Ele o "fecha" e, assim, confere uma reação da mãe ao seu próprio ato de abrir a porta (ficar um tempo com o sorriso no rosto, alçar os ombros), ao mesmo tempo em que introduz uma nova situação (a mãe vai à janela e, agora, já com o olhar cansado e vazio – numa mudança súbita que acrescenta densidade à ideia de que a mãe tem rompantes que surpreendem seus filhos –, diz algo). Nova situação essa, que abre possibilidades de um terceiro movimento, que pode ser uma próxima ação afirmativa da mãe, uma reação dos filhos ao que ela fala, um gesto contido dela, enfim diversas opções, mas não quaisquer opções.

---

76 Barbery, 2010, p. 307.
77 Lispector, 1998, p. 92; Villa-Forte, 2009-2015, não paginado.

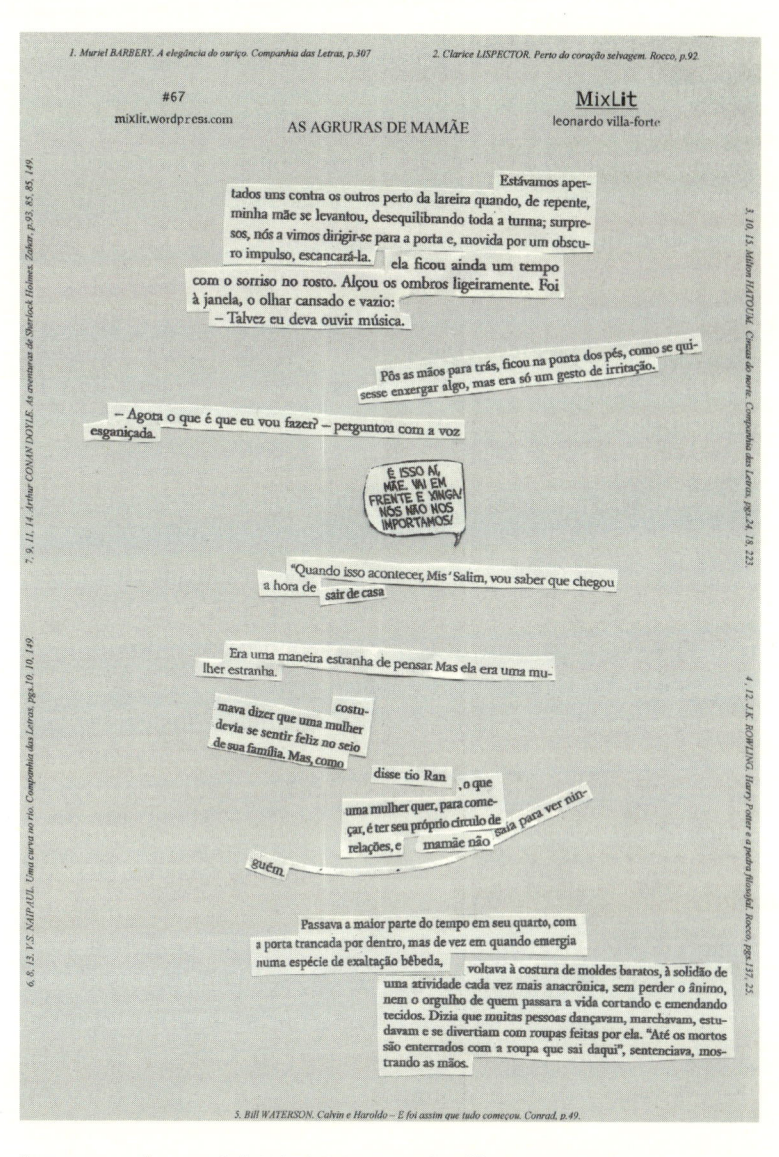

"As agruras de mamãe", MixLit 67. Leonardo Villa-Forte, 2013.

A colagem contém trechos de Muriel Barbery, Clarice Lispector, Milton Hatoum, J.K. Rowling, Bill Waterson, V.S. Naipaul e A. Conan Doyle. "Baixa cultura" com "alta cultura"? Não se trata da simples erradicação de fronteiras. De nada interessa mais essa tarefa – já realizada tantas vezes – se a mistura não render um trabalho que fique de pé para além da própria mistura de registros. Se a obra moderna de ficção era, por definição, uma obra difícil de interpretar, despertando um sentimento de estranheza, causando um choque no leitor, a obra pós-moderna quer se fazer passar como algo familiar, cabendo ao público com mais repertório desconfiar dessa familiaridade e recuperar sua dimensão complexa, encoberta por esta aparente simplicidade,[78] escreve Vera Follain de Figueiredo.

Um esclarecimento talvez tardio: sinto-me à vontade para pensar e comentar essa parte da minha própria produção literária por dois motivos. Primeiro, porque já o faço oralmente em oficinas ou encontros, de maneira que, aqui, estou apenas estabelecendo textualmente os pensamentos que já venho veiculando oralmente. Segundo, faz algum tempo – pouco menos de dez anos – desde quando comecei a série *MixLit*... É quase como se fosse o trabalho de um outro. É claro que, no início, desinformado e possuído pelo processo do fazer, não havia – nem precisava haver – clareza em relação ao que acontecia.

Tendo começado transcrevendo os trechos de livros para um blog na internet, eu trabalhava como um copista, um transcritor. Depois de dois anos de transcrições do papel para o digital, entre 2009 e 2011, senti que aquilo poderia ser expandido para outras esferas. Esse sentimento me veio durante a primeira oficina que dei, após a escritora e professora de comunicação Cristiane Costa me convidar para participar de um evento em que eu propusesse aos participantes que praticassem o recorte e a colagem inspirados no que eu vinha fazendo no blog. Eu havia levado reproduções de páginas para serem recortadas e papéis onde os participantes colariam seus recortes por um simples motivo: não podia levar um compu-

---

78 Figueiredo, 2010, p. 62.

tador para cada um para que eles transcrevessem trechos, e não podia levar a minha biblioteca inteira. Assim, sendo uma atividade coletiva, tive que fazer a passagem do *MixLit* do universo digital para o físico. Um dos participantes ressaltou como era interessante escrever recortando e colando, fisicamente, com cola e tesoura. Ali me ocorreu qual seria o próximo passo do trabalho. Com essa então nova modulação do trabalho, como em *Tree of Codes*, apareceu a camada de reação contra a abstração da matéria, além da diversidade não só de autorias, mas de design e tipografia. Minha ideia é que, ao percorrer uma colagem *MixLit*, o leitor perceba que cada livro utilizado tem uma fonte específica, um tamanho de letra, um espaçamento entre palavras, uma materialidade própria cuja fonte é a própria materialidade da coleção de livros na minha estante. Dar sentido, afinal, também significa corromper o pensamento de um autor, apropriar-se de suas frases, interpretá-las de acordo com interesses próprios. No ato de aproximar coisas distintas, estabelecem-se outros sentidos, alheios ao original.[79]

A composição de um *MixLit*, assim, na minha experiência, deriva de uma lógica de leitura digital – a hiperleitura – aplicada em matéria física – os livros. Um deslocamento do hábito de um espaço para outro meio. Para realizar as googlagens, Angélica Freitas realiza a prática de leitura habitual na internet, a leitura por links, só que, diferentemente do habitual, que é a dispersão, ela reúne o que encontra nesses links. E dessa reunião – após seleção e edição, claro – temos o poema. Percebemos assim que a produção literária ocorre por meio de procedimentos não convencionais de leitura.

Do ponto de vista da fruição, tanto googlagens quanto *MixLit* exigem leitura. Há um efeito que só se realiza – e potencializa o texto – quando o fruidor conhece e pensa no procedimento. Mas a composição dos textos parte do pressuposto de que a pessoa que tem contato com eles lerá o poema colagem ou o conto colagem por inteiro, e não uma parte ou outra, ou até mesmo não lerá. O procedimento abre janelas que se iniciam na leitura do texto. Por isso,

---

79 Pato, 2012, p. 51.

há um grau de conceitualismo em ambos, mas ao mesmo tempo o vínculo com o ato da leitura é muito forte.

No texto transcrito para um blog, no caso do *MixLit*, a leitura é ainda mais necessária do que na colagem visual. Porque, na colagem visual, o conceito dos recortes e da apropriação é veiculado pela própria imagem do trabalho. Ou seja, a leitura do texto deixa de ser tão importante quanto é no blog para que alguém capte o jogo intelectual e procedimental que ali se manifesta, dado que basta olhar a colagem, sem necessariamente ler cada um dos seus fragmentos, para notar algo do que está posto em questão ali.

O mesmo acontece em *Nets*, de Jen Bervin. Publicado em 2004, é um livro que cabe no bolso com 60 dos 154 sonetos de Shakespeare repropostos. Na sua própria imagem, cada texto descreve a sua estratégia, que é a de traçar itinerários. Bervin tece redes entre palavras presentes em sonetos de Shakespeare. O soneto original de Shakespeare aparece em cor cinza, enquanto as palavras que Bervin ressalta são impressas em cor preta. Assim, temos um jogo de figura e fundo. Dois textos em um: o soneto de Shakespeare e, por meio de coloração diferente, as palavras capturadas por Bervin da sua fonte, as quais formam um novo texto que se destaca – o texto trajeto de Bervin através de Shakespeare: Bervin invasora do corpo de Shakespeare.

63

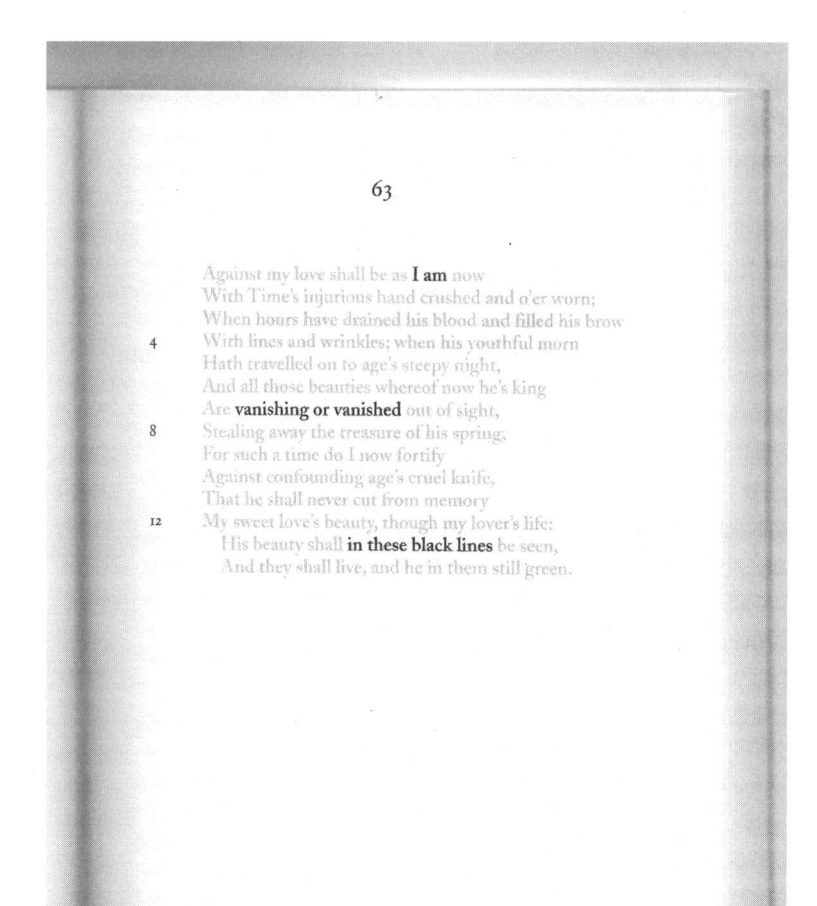

Against my love shall be as **I am** now
With Time's injurious hand crushed and o'er worn;
When hours have drained his blood and **filled** his brow
With lines and wrinkles; when his youthful morn
Hath travelled on to age's steepy night,
And all those beauties whereof now he's king
Are **vanishing or vanished** out of sight,
Stealing away the treasure of his spring;
For such a time do I now fortify
Against confounding age's cruel knife,
That he shall never cut from memory
My sweet love's beauty, though my lover's life:
 His beauty shall **in these black lines** be seen,
 And they shall live, and he in them still green.

Nets. Jen Bervin, 2004.

Um trabalho de delicadeza, feito um palimpsesto em que convivem tributo e transgressão. Bervin é generosa: oferece o original – uma presença fantasmática – e o novo texto simultaneamente, presentificando um laço entre a tradição e o contemporâneo. Parece-me uma síntese formidável da ideia de que o novo não surge do nada, mas de alguma coisa anterior.

Podemos pensar no jogo de figura e fundo como uma imagem da seletividade da memória. Fatos que se desvanecem, enquanto outros são chamados à superfície, sem chance de esquecimento.

When I have seen by Time's fell hand defaced
The rich proud cost of outworn buried age;
When sometime lofty towers I see down-razed,
And brass eternal slave to mortal rage;
When I have seen the hungry ocean gain
Advantage on the kingdom of the shore,
And the firm soil win of the watery main,
Increasing store with loss and loss with store;
When I have seen such interchange of state,
Or state itself confounded to decay;
Ruin hath taught me thus to ruminate
That Time will come and take my love away.
   This thought is as a death which cannot choose
   But weep to have that which it fears to lose.

O Soneto 64 de Shakespeare, publicado pela primeira vez na obra *Sonnets*, de 1609, versa sobre a luta inescapável com o tempo e a força da natureza por meio de uma batalha entre terra e mar, para então associá-la à sua situação pessoal e à dor que o poeta sente pela inevitabilidade da morte e a perda de um amor. A rede estabelecida por Jen Bervin fala do ataque às Torres Gêmeas em 11 de setembro de 2001. O eu do poema viu torres destroçadas ao chão. "Perda e mais perda" ("loss and loss"). Só que esse "e mais" é fantasmático. O *and* está ao fundo, quase apagado. Como se ambos os "*loss*" fossem expressões concretas de cada torre caindo. Perda. Perda. O soneto é trazido para um tema contemporâneo, um evento recente de consequências dramáticas, ao qual o soneto não poderia ser associado no seu momento de publicação original. Bervin, quase um Pierre Menard de Shakespeare. A título de teste da tradutibilidade de *Nets*, vamos tentar o exercício de uma versão em português brasileiro do trabalho de Bervin. Para isso, usaremos uma das traduções mais conhecidas desse soneto de Shakespeare para o português, aquela do poeta e tradutor Jorge Wanderley publicada na edição de *Sonetos*, da Civilização Brasileira, de 1991.

Vendo que a mão do Tempo desfigura
A tão rica altivez dos dias idos,
Que jaz a torre em terra das alturas
Caída, ou o bronze eterno destruído;
Vendo que o mar faminto um dia ganha
Parte ao reino da praia a que vem dar
E no outro o solo a água lhe arrebanha
E ganha a perda e perde por ganhar;
Vendo que é tão comum mudar-se o estado,
Que o próprio estado lembra uma ruína,
Eis que a ruína me tem ensinado
Que o Tempo leva o amor e o amor termina.
    Pensá-lo é dor mortal pois só nos cabe
    O bem que nós tememos logo acabe.[80]

Está claro que não conseguimos aproximação satisfatória do efeito que exerce a rede de Bervin. Basta dizer que o gerúndio "Vendo" não cria o efeito de insistência desagradável da memória que "*I have seen*" assegura. "Torre", no singular, simplesmente não remete à dupla que são as Torres Gêmeas. Vamos insistir, porém, agora com outra das traduções brasileiras do Soneto 64, aquela realizada pela poeta e tradutora Thereza Rocque da Motta, publicada em 2009 no livro *154 sonetos*, editado pela Ibis Libris.

---

80 Shakespeare, 1991, p. 158.

> Ao ver a cruel mão do tempo apagar
> Dos ricos o orgulho graças à decadência da idade;
> Quando, por vezes, as altas torres são destruídas,
> E o eterno escravo do metal entregue à mortal ira;
> Ao ver o oceano faminto ganhar
> Vantagem sobre os domínios das encostas;
> E a terra firme avançar sobre o braço de água,
> Equilibrando-se entre as perdas e ganhos;
> Ao ver tal mudança de condição,
> Ou a própria condição confundida, a decair,
> Assim ensinou-me a pensar a ruína:
> Que o tempo virá e levará o meu amor.
> Este pensamento é mortal, sem outra escolha
> Senão lamentar ter o que se teme perder.[81]

  Começamos relativamente bem com "Ao ver", que se aproxima mais de "*I have seen*" do que "Vendo". Seguimos em bom caminho com "torres" e "destruídas", mas logo torna-se impossível manter o efeito dos dois "*loss*" com uma pausa dramática entre eles se lidamos com o verso "Equilibrando-se entre as perdas e ganhos". Poderíamos, para nos manter em torno dos sentidos de dano, prejuízo, eliminação, aniquilamento, destacar, em vez da palavra "ganhos", outras, como "ruína", "mortal" ou até mesmo o "perder" no final, que foi minha opção devido não só à repetição da ideia de perda, mas de uma reflexividade que é agregada em razão da mudança, após uma pausa dramática mais longa do que em Bervin, da perda de um substantivo para um verbo, perder – reflexividade essa que viria com a imagem da segunda torre caindo, momento em que o eu do poema tem uma impressão mais aguda daquilo que infelizmente acompanhou. Talvez, com essas manobras em cima da tradução de Rocque da Motta, tenhamos nos aproximado do efeito provocado por Jen Bervin na sua reproposição do Soneto 64. Investiguemos, contudo, uma última vez as nossas possibilidades, agora com a pres-

---

81 Shakespeare, 2009, p. 83.

tigiada tradução do poeta e tradutor Ivo Barroso, publicada em *50 sonetos*, pela editora Nova Fronteira, em 2015.

> Ao ver que a mão do tempo desfigura
> As pompas de um passado imemorial,
> Altivas torres a tombar, da altura,
> E o bronze eterno escravo à ira mortal;
> Quando vejo o faminto oceano arcar
> Vantagem sobre o reino litorâneo
> Ou vejo a terra firme encher o mar
> Crescendo ganho em perda e perda em ganho;
> Quando vejo de estados o alterar
> E o próprio estado vir-se a descompor,
> A ruína me leva a ruminar
> Que o Tempo há de levar o meu amor.
> Morte é pensar que só posso escolher
> Chorar por ter a quem temo perder.[82]

É possível que tenhamos chegado ao máximo de proximidade com o efeito das redes de Bervin por meio dessa leitura em cima da tradução de Ivo Barroso. "Tombar" não tem o peso dramático de "destruídas" ou "caída", por isso achei adequado destacar "tombar, da altura", já que o original carrega em peso com a composição "*down-razed*", por mais que a vírgula em "tombar, da altura" não contribua ritmicamente. Conseguimos um "perda e perda", de efeito equivalente a "*loss and loss*". Permanece o "Ao ver", que, para os nossos propósitos, é melhor do que "Vendo", mas resta admitir que somente com uma tradução de Shakespeare dedicada desde o início às necessidades da releitura de Bervin poderíamos alcançar a mais plena fidelidade possível não só ao espírito mas às palavras da parceria entre Shakespeare e Bervin – se é que seria possível. Tratar-se-ia de um trabalho de imenso desafio.

---

82 Shakespeare, 2015, p. 65.

Parte do desafio se dá porque *Nets* combina dois modos de pensar a leitura: o modo linear e o modo em rede. Para traduzirmos fielmente o trabalho, teríamos de pensar a sequência das palavras tanto de forma linear, numa leitura do Soneto 64 de Shakespeare, quanto num modo em rede estabelecido pelos destaques de Jen Bervin. Seria necessário que o poema de Shakespeare fosse bem traduzido, que os destaques de Bervin fossem bem traduzidos e que esses dois olhares se coadunassem numa só peça textual congruente. O texto destacado por Bervin permite uma leitura linear. Mas como há o texto original de Shakespeare como fundo, a peça textual apresentada por Bervin permite que os leitores experimentem diversas ordens de leitura, e por isso essa necessidade de combinação congruente de uma possível tradução. De um ponto de vista topológico, o trabalho de Jen Bervin é multilinear.[83]

Do ponto de vista da produção, dentre as obras comentadas aqui, a de Jen Bervin e de Jonathan Safran Foer são as que trabalham menos com o acaso, já que ambas se tratam do descobrimento de novos itinerários de leitura por dentro de um escopo restrito de textos (sonetos de Shakespeare, um livro de Bruno Schulz). Ambos não podem acrescentar trechos oriundos de outras fontes nem determinar outras premissas que gerem novos textos. Não há mistura de autorias diferentes ou abertura para audição, ou restrições que

---

[83] A classificação de "não linear" que Ted Nelson conferiu aos hipertextos permaneceu por muito tempo como a principal noção em jogo nesse tipo de obra, mas George P. Landow prefere o termo "multilinear" para descrever o hipertexto. Landow diz que o hipertexto oferece múltiplos caminhos de leitura, por isso não é que ele não fosse linear, mas que oferecia mais de um trajeto de leitura. Em 1997, Esper Aarseth afirmou que havia acontecido um mal-entendido nessa definição conceitual do hipertexto. Para ele, enquanto Ted Nelson escreveu sobre o hipertexto de um ponto de vista de estrutura – e o hipertexto, estrutural e topologicamente, como rede, é não linear –, os teóricos posteriores, como Landow, falavam da leitura empregada em hipertextos. Ora, uma leitura, como uma experiência temporal, é inescapavelmente linear. Apesar de oferecer alguns caminhos diferentes para a realização da leitura, quando escolhemos um, seguimos traçando um percurso linear. Só que temos consciência de que aquela é apenas uma possibilidade de leitura, uma forma de atualização do texto e, logo, se desejarmos, podemos pular para outra. Ou descobrir outra. Por isso, o termo "multilinear".

engatilhem um procedimento, para além da releitura de Shakespeare e Bruno Schulz. São os trabalhos que mantêm relação mais direta entre a fonte original e a obra derivada, pois nem mesmo desfuncionalizam a sua fonte – como faz Goldsmith. A função de Bervin continua sendo a mesma de Shakespeare: fazer poesia. O que se estabelece na obra de Bervin é uma nova rede, formada por relevos que saltam daquela planície anterior, a qual ainda podemos alcançar com a vista. Já em Safran Foer, a planície anterior não ganha relevos, mas desaparecimentos, e assim alcançamos apenas as palavras às quais foi permitido permanecer. Embora com essas diferenças, assim como de Bervin para Shakespeare, a função de Safran Foer, a seguir pelas palavras, continua sendo a mesma de Schulz: contar uma história. Safran Foer, curador de Schulz, da literatura para a literatura. Bervin, curadora de Shakespeare, da literatura para a literatura. Mesmo assim, cada qual se dispensa do papel reservado aos autores-criadores ao saírem da lógica de ceder palavras novas a um papel ou um arquivo. Eles não pensam se uma palavra deve nascer. O autor-curador avalia se uma palavra deve permanecer e como. Escrever sem escrever, em seus diferentes graus de intervenção, se infiltra como código de liberdade.

L

NÃO ESCREVER, UMA PRÁTICA ARTÍSTICA

Se crio textos sem de fato escrevê-los, o que há de específico no processo de produção da literatura? Se posso compor escrita por meio da seleção e da montagem, como continuar pensando que a literatura está, em seu gesto fundador, ligada a uma escrita original?

Duchamp acredita que a ideia de "artista" é falsa. Ele disse preferir pensar a si mesmo como um artesão, e um artesão é alguém que faz coisas com as mãos. A escrita por apropriação, em certos casos, como no trabalho de Jen Bervin e na minha série de colagens, faz com que a figura do escritor se aproxime da atividade do artesão. Em *MixLit* e *Nets*, gestos como recortar, colar, tecer são compartilhados entre artesania e escritura. Para produzir *Tree of Codes*, um dos primeiros gestos de Jonathan Safran Foer foi riscar, a caneta, os trechos que ele gostaria de apagar e posteriormente excluir do livro fonte – um gesto mais material, próximo à artesania, do que a digitação num teclado. Cada um à sua maneira – assim como o das obras de Jen Bervin, Angélica Freitas, Roy David Frankel e Kenneth Goldsmith, a ideia do que é ser um escritor se descola da ação de preencher um arquivo em branco ou escrever a lápis ou caneta. É perceptível o questionamento que veiculam acerca do que significa o gesto da escritura. Como se escreve?, perguntam essas obras. Transcrever é copiar? Copiar é escrever? Recortar, colar e montar é escrever?

Quando Jonathan Safran Foer suprime trechos de Bruno Schulz, quem se expressa é Jonathan Safran Foer, Bruno Schulz ou um com o outro? Ou nada disso? Na prática, o que se estabelece é uma criação de texto em parceria – talvez semelhante àquela do editor com o escritor, só que o editor não tem nome de autor, ele não assina um livro como Jonathan Safran Foer assina *Tree of Codes*. Safran Foer edita o texto de Schulz, mas tampouco seria um editor tradicional, pois Safran Foer não estabelece o texto em conjunto com o autor original – de modo que o autor possa ouvi-lo, concordar, discordar e alterar seu texto. Safran Foer em modo editor está estabelecendo um novo texto *com* o texto de Schulz. Safran Foer está iniciando um novo livro fora do grau zero da escrita. A escrita de Schulz é, para Safran Foer, um *ready-made*. Safran Foer, ao realizar *Tree of Codes*, lança ao mundo uma obra em que a propriedade das palavras entra numa zona de penumbra. Ele estabelece uma parceria póstuma com Bruno Schulz. Atua como um curador de todas as palavras das quais *The Street of Crocodiles* dispõe, escolhendo quais ficam e quais saem numa nova exposição daquele texto. O autor-curador escreve? O ato de trabalhar sobre as palavras de Bruno Schulz e criar um livro derivado de *The Street of Crocodiles* tornam a ação de Safran Foer um escrever? Talvez precisemos retomar a origem da ideia de escrita.

Vilém Flusser nos conta que a palavra "escrever" origina-se do latim *scribere*, que significa riscar (*ritzen*). O risco cria uma marca sobre certa superfície. A ação de Safran Foer em *Tree of Codes* está perfeitamente de acordo com essa descrição. Vilém Flusser acrescenta que a palavra grega *graphein* significa gravar (*graben*). Portanto, escrever era originalmente um gesto de fazer uma incisão sobre um objeto, para o qual se usava uma ferramenta cuneiforme (um "estilo").[84] Nada mais semelhante ao ato executado por Safran Foer sobre o livro original de Bruno Schulz: Safran Foer faz incisões sobre um objeto, inicialmente com uma caneta verde, sinalizando determinados trechos para que a editora entenda quais trechos deverão ser excluídos, ou seja, onde a gráfica deverá abrir buracos. Trata-se de procedimento que transforma a leitura em escrita, certamente, se pensamos na definição de Flusser.

Para o filósofo tcheco atualmente não se inscreve mais, não há mais inscrições, e sim sobrescrições, ou seja: não se escreve mais em algo, mas sobre algo. Para ele, inscrever é um gesto cujo objetivo é romper com as condições do cárcere, isto é, abrir crateras nos muros do mundo objetivo que nos encarceram.[85] Ana Pato nos auxilia a pensar a comparação que Flusser estabelece entre as duas técnicas de escrita: enquanto inscrever é tecnicamente mais complicado – exige força, paciência e cautela –, demanda menos: apenas uma ferramenta afiada e uma superfície rígida. Por outro lado, o desenvol-

---

84 Flusser, 2011, p. 25.
85 Flusser, 2011, p. 27.

vimento das ferramentas de sobrescrever criou estruturas cada vez mais complexas (como os processadores de texto), mas construídas para serem rápidas e fáceis de usar.[86]

Safran Foer é o leitor que lê vagarosamente, "catando milho", nas palavras de Bruno Schulz. Um vídeo no site da Visual Editions demonstra quão cuidadoso e detalhista foi o processo de feitura de *Tree of Codes*. Em certas cenas, vemos diversas pessoas sentadas em volta de uma mesa realizando recortes. Um processo completamente diferente daquele em que os livros são fabricados por meio da impressão do que um autor sobrescreveu no arquivo de texto digital. Em *Tree of Codes*, Safran é o leitor com tesoura nas mãos, que abre crateras, espaços, buracos, os quais não serão buracos de sentido, mas uma construção de novos sentidos, novas formas de ligar palavras, sendo assim não um destruidor, mas um novo criador – um criador, inclusive, que não tratará apenas com as palavras, mas com a maneira como elas se materializam no objeto físico que é o livro.

O aspecto visual e material de *Tree of Codes* é um componente de alto impacto. Há um efeito no livro que não depende da leitura. Podemos colocá-lo tanto numa mesa de centro – como um livro de fotos ou pinturas, livros de efeito imediato – como também na nossa estante, onde guardamos os livros de leitura de textos. Onde colocá-lo? A qual lugar ele pertence?

Estas não são questões exclusivas de um livro como esse. Edições comemorativas e edições de luxo, por exemplo, também as suscitam. No entanto, a diferença é que *Tree of Codes* é a primeira edição de um trabalho, e não uma segunda, terceira ou quarta, ou seja, ele é assim em sua primeira encarnação. Na verdade, seria difícil até pensar numa outra encarnação para essa obra, já que a sua materialidade, se alterada, a torna outra obra, alterando possivelmente tudo aquilo que foi pensado pelo autor. Já num livro-texto que assume várias edições, é claro que a leitura muda de edição para edição, como sabemos ao encarar aquelas edições em que o espaçamento entre as linhas é tão curto que logo sentimos desprazer ou confusão

---

86 Pato, 2012, p. 176.

durante a leitura. No entanto, o texto é o principal – justamente por isso o editor se sente na liberdade de poder mudar sua formatação – e isso permanece inalterado. Em *Tree of Codes* a obra não é o texto, é o texto e a sua forma de apresentação, que, por sua vez, deixa de ser apenas uma forma de apresentação para ser a própria obra, imbricada no texto.

As páginas esburacadas criam comunhão entre proposta e forma: intensificam o lugar poroso do livro. As folhas são frágeis, é preciso manejar o livro com cuidado para não rasgar suas páginas. A fragilidade ressoa ainda a própria fragilidade das categorias exclusivistas: o livro cria buracos em nossas definições. A ideia de autor é frágil, parecem dizer as páginas que, sobrepostas, mostram uma e outra, e outra, e outra... a palavra nunca é de um só, por trás dela tem outro, e outro, e outro... A sua materialidade é um acréscimo de sentido ao trabalho como um todo, diferentemente da maioria dos textos em formato livro.

Apesar de sua expressão plástica, o fato de poder ser lido, também, à maneira de um romance ou um conto como outro texto narrativo qualquer, faz com que *Tree of Codes* não possa ser considerado apenas como obra de arte. O fato de a própria Visual Editions publicar poucos livros por ano a aproxima de uma editora de arte, mais do que de uma editora de literatura. Por outro lado, se você quiser uma cópia de *Tree of Codes*, basta entrar no site dela e fazer a encomenda. A obra chegará ao seu endereço. Não há limite, a editora confecciona quantos exemplares forem pedidos. Isso não é próprio de uma editora de arte, mas de uma editora de literatura. Literatura e arte não são mais categorias que se excluem.

A comparação texto a texto que se pode fazer entre *Tree of Codes* e *The Street of Crocodiles*, em razão de o primeiro ser derivado do segundo, já não é permitida no caso de *MixLit*. É impossível comparar as montagens aos livros-fontes inteiros ou comparar "3 poemas com auxílio do Google" aos resultados de uma busca de internet, visto que as fontes, nesses casos, são múltiplas. A proposta de Angélica Freitas em "3 poemas com auxílio do Google" se liga a uma característica geralmente mais ressaltada em artes plásticas e relacionais, que é a de proposição e manifestação do público. O artista atua como um propositor a fim de que a participação do público complete a obra. Porém, no caso de "3 poemas com auxílio do Google", Angélica atua nas duas posições: propositora e organizadora da manifestação do público. A proposta: encontrar frases que se iniciam com "a mulher vai". A manifestação do público: tudo aquilo publicado online, não importa por quem especificamente, e, claro, que seja capturado pelo Google e esteja dentro da proposta dela. Assim, a criação do texto se aproxima intensamente – quanto ao processo criativo – da criação artística. Literatura e artes compartilham procedimentos e, assim, borram fronteiras entre autor e público.

Os poemas com auxílio do Google lembram o movimento Oulipo (Oficina de Literatura Potencial), grupo de escritores fundado em 1960 em Paris – e que dura até hoje – cujo lema, segundo Jacques Boubaud, um dos fundadores, é inventar (ou reinventar) restrições de natureza formal e propô-las aos entusiastas interessados em compor literatura. Ainda para Boubaud, um texto escrito segundo uma restrição descreve a restrição,[87] como o "Jornal de serviço", de Carlos Drummond de Andrade, que tem como subtítulo "Leitura em diagonal das Páginas Amarelas" –, não sendo apenas o subtítulo que descreve o procedimento, mas a própria leitura do poema, o qual podemos pensar até como uma versão offline das googlagens de Angélica Freitas. Cada um dos três poemas com auxílio do Google da poeta gaúcha começa sempre com as palavras buscadas, de maneira que descrevem sem deixar tão explícito, a não ser pelo nome da seção em que se inserem no livro, o método pelo qual foram compostos. Da mesma maneira, *Tree of Codes* descreve o ato de suprimir trechos, assim como os fragmentos retirados de vários livros, em minhas colagens, descrevem a restrição: nenhum texto de mão própria do autor pode fazer parte. *Nets* descreve sua restrição também. *Delírio de damasco* já não o descreve – não há na forma de apresentação do livro uma ressonância clara com o seu método. O trabalho omite o seu modo de produção, assim como as obras de Goldsmith.

---

87 Citado por Perloff, 2013, p. 44.

Voltando às googlagens, podemos dizer que, por meio da apropriação do texto dos outros, Angélica consegue fazê-los se voltarem contra si mesmos. Os versos dos poemas ganham ares irônicos, torcendo o que foi dito a fim de fazê-lo dizer outra coisa, e revelando a estereotipia e o conservadorismo dos ditos anteriores, que, agora, graças à sua ordenação, criam um pensamento que mostra o seu próprio ridículo. Assim, a escrita não criativa de Angélica toma fortes ares políticos.

A arqueologia cuja fonte para Angélica foi a internet, para Verônica Stigger é a rua. *Delírio de damasco* teve sua primeira manifestação como uma exposição no Sesc 24 de Maio, em São Paulo, em 2010. Para essa exposição, Verônica precisava ocupar 375 metros quadrados de tapumes. Antes mesmo de receber o convite, a autora já vinha anotando frases ouvidas na rua ou ditas por familiares e amigos. Com a ajuda de uma designer, transpôs essas frases, em estilo propositalmente tosco, para os tapumes da mostra. A intenção era devolver a fala da rua para a rua. O nome do projeto era outro, *Pré-histórias*, acrescido de um 2, porque Verônica vê continuação entre a primeira parte de seu livro *Os anões* – intitulada "Pré-histórias" – e o projeto apresentado no Sesc.

Pré-histórias 2. Verônica Stigger, 2010.

Percebe-se o texto como materialidade e como visualidade. No espaço expositivo, o trabalho é para ser visto e lido. Quando o projeto se torna livro, em 2012, o texto das placas perde seu trabalho gráfico e vira texto em páginas. Não há uma tipografia e arranjo espacial das palavras que remetam às placas de rua. A forma da materialidade ainda está em questão, mas em outra modalidade. O formato do livro, 9 cm de altura por 14 cm de largura, evoca a imagem de miniplacas, pequenos outdoors, ainda que a fonte usada para as letras escritas não trabalhe com essa estética. Há também o elemento do tipo de papel escolhido para o miolo, o Particles Sunshine com fibras aparentes de dourado. Esses detalhes sortidos nas páginas dão aspecto de algo manchado, algo sujo, como confetes de Carnaval espalhados na rua ou a sujeira do dia a dia que se acumula nas calçadas. Sendo da cor dourado, os detalhes remetem a algo que tenta se passar por valoroso e atraente mas, dado seu aspecto geral e sanha propagandística, fica apenas na tentativa, como panfletos e cartões que nos distribuem nas ruas, feito o próprio "compro ouro" que todos conhecemos.

Segundo Stigger, a intenção nunca foi que o livro se tornasse uma espécie de catálogo da mostra. *Delírio de damasco* parece ser um conceito – frases ouvidas por aí – e um agrupamento – a coleção, segundo certos critérios. Pode-se dizer até que *Delírio de damasco* é uma restrição: uma regra-máquina de gerar textos. A regra: algo que ouço. O critério: que desperte a atenção e esteja dentro de certa temática. Curadoria de ouvido.

Flora Süssekind detectou que, em tempos recentes, um conjunto significativo de textos parece ter posto em primeiro plano uma série de experiências corais, marcadas por operações de escuta, e pela constituição de uma espécie de câmara de ecos na qual ressoa o rumor (à primeira vista inclassificável, simultâneo) de uma multiplicidade de vozes, elementos não verbais, e de uma sobreposição de registros e de modos expressivos diversos. Coralidades nas quais se observa, igualmente, um tensionamento proposto de gêneros, repertório e categorias basilares à inclusão textual em terreno reconhecidamente literário, fazendo dessas encruzilhadas meio desfocadas de falas e ruídos uma forma de interrogação simultânea tanto da hora histórica quanto do campo mesmo da literatura.[88]

É de uma operação de escuta de múltiplas vozes que surge *Delírio de damasco*. É de operações de escuta que surgem *Traffic*, *The Weather* e *Sports*, afinal trata-se de transcrições de áudios de rádio. A operação de escuta é uma operação de desensimesmamento. Sair de si para investir nos outros – mesmo que esse outro seja o rádio. E aqui podemos dizer: sair das categorias solidificadas do literário para incluir, no ambiente textual, registros de audições. Desensimesmamento literário.

---

88 Süssekind, 2013, não paginado.

Quando Alberto Pucheu – num pequeno recuo nosso a 1993 – publica os três poemas da série "na cidade aberta" em seu primeiro livro, *Na cidade aberta*, o que se coloca é uma pesquisa poético-sonora profundamente associada ao contexto urbano. Se pensarmos especificamente no poema "Na cidade aberta, nº 3", podemos dizer que Pucheu anota e coleta frases anônimas – como Stigger –, a partir de um mote/tema que é o transporte na cidade grande – como *Traffic*, de Goldsmith, que no caso do poema de Pucheu é a Central do Brasil –, e dispõe sua coleta no formato de versos – como Angélica Freitas e Roy David Frankel. O poema de Pucheu é constituído de 35 versos, dos quais os três primeiros situam o leitor na Central do Brasil, por meio da indicação de que o próximo trem para Deodoro sai da plataforma 2, linha B, às dezoito horas e sete minutos, e os 32 versos restantes – 91,4% da materialidade textual do poema – são compostos de chamamentos dos vendedores abulantes, que, numa dicção bastante particular do comerciante informal carioca, em tentativas de convencimento, anunciam seus produtos e promoções, como balas, doces, isqueiros e amendoim, ou seja, comércio que, também pela técnica da colagem, nos lembra a série *Merz*, de Kurt Schwitters. A respeito da maneira como Pucheu tira de cena a centralidade do poeta e suas visões e emoções, Gustavo Silveira Ribeiro afirma que transformando-se em agenciador de palavras e sons outros, alheios, muitos dos quais jamais seriam ouvidos (dada a invisibilidade social ou cultural a que estavam submetidos)[89], essa poesia da reciclagem faz ética e estética se encontrarem, problematizando-se mutuamente. Antes de um operar uma desvalorização da arte – poética, no caso – parece estar em jogo, em Pucheu, em Freitas, em Frankel, em Stigger, uma questão de visibilidade. Dar a ver o que falam por aí, destacar essas palavras que, de outra forma, ficariam relegadas à "invisibilidade social ou cultural", como diz Ribeiro. O jogo da apropriação e da manipulação, aqui, se manifesta vinculado a uma demanda por atenção – repara só, repara só nisso, isso aqui merece um segundo olhar, parecem dizer os textos em

---

89 Ribeiro, 2017, p. 202.

questão. E nesse aspecto – a escolha do que ressaltar, a opção pela busca da atenção – diferem das apropriações de Kenneth Goldsmith que, a princípio, não demandam tamanho investimento na leitura do conteúdo que deslocam.

Retomemos *Delírio de damasco*. Sendo uma restrição, uma espécie de regra, ela é móvel: transporta-se de exposição para livro e daí para o que mais estiver no horizonte de Stigger. Não há um meio próprio. O suporte em que isso será manifestado parece não ser uma característica exclusivista. A ideia leva ao procedimento, e este gerará o texto, que Verônica moverá para esse ou aquele suporte. A literatura descobre a arte conceitual. *Delírio de damasco* não se contém dentro das fronteiras de uma só linguagem. *Delírio de damasco* e *Pré-histórias*, apesar de contarem com os mesmos textos, são duas obras diferentes, já que o suporte e o tratamento visual são diferentes.

Na resenha intitulada "Vírus da linguagem", Laura Erber diz que *Delírio de damasco* é um livro, mas pode ser descrito como uma pequena galeria na qual, em vez de imagens do nosso tempo, há frases entreouvidas. Erber afirma, ainda, que o conjunto lança um olhar cortante sobre a indigência dos discursos que nos cercam.[90] Esse efeito é semelhante ao que ocorre na colheita de discursos, com motes como "a mulher vai", realizados por Angélica Freitas. Freitas revela certas posições e visões em torno do lugar da mulher na sociedade, assim como Verônica Stigger, ao recolher frases violentas, absurdas e surpreendentes, entreouvidas em lugares públicos, tornando-nos testemunhas desses discursos e nos inquirindo sobre o que faremos, como agiremos sabendo que as pessoas dizem por aí aquilo que está escrito em seu livro.

---

90 Erber, 2013, p. 4.

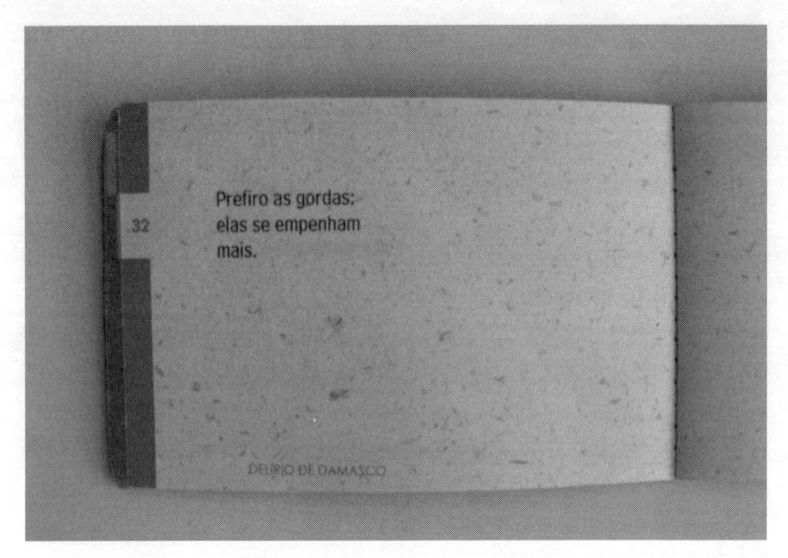

Delírio de damasco. Verônica Stigger, 2012.

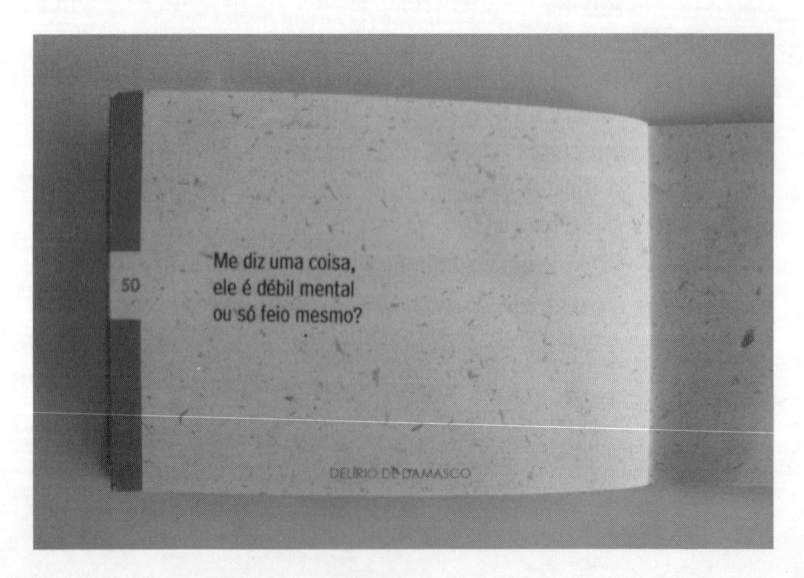

Delírio de damasco. Verônica Stigger, 2012.

Verônica Stigger divide o livro em seções temáticas: o primeiro em torno de frases sobre comida e alimentação, o segundo em torno de viagens, dinheiro e relacionamentos envolvendo esses dois assuntos, o terceiro em torno da violência, o quarto em torno de sexo e relacionamentos, o quinto é um pequeno fechamento com frases como "Não pode? Por que não pode? Porque não pode" ou "Não imagina o que ficou de fora", que se lançam para fora do livro e falam sobre o seu próprio conceito – o livro não é um livro, mas um modo de fazer, que poderia ser continuado eternamente. Em *Delírio de damasco*, cada fragmento é organizado em sua página na forma de terceto, o que cria um ritmo constante, com os fragmentos atuando como pequenas pílulas de apresentação, desenvolvimento e conclusão, à maneira de uma fala numa conversa objetiva e graciosa.

Na quarta capa, Verônica afirma que *Delírio de damasco* realiza uma "espécie de arqueologia da linguagem do presente, em busca da poesia inesperada". Talvez por essa busca de uma poesia inesperada, Verônica recuse a ideia de organizar os fragmentos colhidos de uma maneira que eles, em conjunto, formem um texto poético único, como faz Angélica Freitas em cada um de seus "3 poemas com auxílio do Google". A distribuição de uma frase por página na edição de Stigger provoca a análise fria de cada um desses fragmentos, como se Stigger buscasse que seu leitor se espante com cada coisa que é dita e tivesse a chance de se deter nesse dito por algum tempo, como fazemos ao ver uma placa, um outdoor – refletindo sobre condições, conteúdos e consequências daquele dito –, e essa forma de organização aproxima o suporte página do suporte placa. A distribuição de um texto por página propicia o olhar crítico. Ao mesmo tempo, ao passar das páginas, o absurdo e o cômico vão ganhando volume, não pela relação de continuidade entre um fragmento com outro, mas pela acumulação, a quantidade – o efeito de arquivo, a exaustão. Em comum com as googlagens de Angélica Freitas, *Delírio de damasco* apresenta diversas enunciações de caráter preconceituoso, como "Me diz uma coisa, ele é débil mental ou só feio mesmo?". Daí vem o trabalho de arqueologia da linguagem. As duas obras trabalham com o discurso alheio, o senso comum, e manifestam uma ética da visibilidade.

Lembro que comentamos aqui, principalmente, quatro tipos de fontes:
1. O discurso alheio, o senso comum, sem assinatura (discursos na internet – "3 poemas com auxílio do Google", discursos ouvidos na rua – *Delírio de damasco*).
2. Textos literários com assinatura (*Tree of Codes, Nets, MixLit. Ensaio sobre os mestres*).
3. Textos jornalísticos, não literários, nos quais se misturam textos com assinatura e sem assinatura (*Day*).
4. Discursos orais, radiofônicos, sem assinatura, mas com origem determinada (*Sports, The Weather, Traffic. Sessão* também caberia aqui).

Um interlocutor teimoso poderia perguntar: como saber que os trabalhos de Angélica Freitas e de Verônica Stigger realmente reaproveitam textos/falas preexistentes? Quem garante que ambas recolheram seu material da internet ou de falas ouvidas por aí? De onde se tira confiabilidade de que esses textos/falas são de fato coletados de outras fontes? O interlocutor teimoso estaria fazendo perguntas perfeitamente válidas. Em todas as outras obras discutidas aqui, podemos ter acesso e checar as fontes. Já em "3 poemas feitos com auxílio do Google", não, a não ser que Freitas tenha arquivos ou capturas de tela que comprovem a preexistência daqueles textos na internet. Para *Delírio de damasco*, a dificuldade de comprovação é ainda maior, visto que a obra se vale de discursos orais. Essas falas foram gravadas? Não. Portanto, a única alça em que podemos nos agarrar é a legitimidade do discurso das autoras. É a fala delas – suas declarações – que confere a confiabilidade necessária ao jogo que suas obras operam. Aqui, há uma brecha fabuladora, característica da literatura. Nunca saberemos se Angélica escreveu um verso "por si mesma" ou se Verônica criou uma frase "ela mesma", verso ou frase que daria liga em relação aos já coletados. Ou, talvez, até mais que um verso ou uma frase. Caso fosse dessa maneira, seus trabalhos não operariam numa lógica tão não criativa assim, mas numa mistura entre escrita original e não original. Que fique claro, então, que aqui estamos considerando os discursos das autoras, mas podemos cair na brecha fabuladora aberta por elas.

Não coincidentemente, *Delírio de damasco* e "3 poemas com auxílio do Google" compartilham forte ar político. É curioso notar que ambos usam o primeiro tipo de fonte – "discurso alheio comum", conforme listado no parágrafo anterior. O olhar de Freitas e Stigger está virado para o anonimato, a opinião veloz, irrefletida, a fala "que não é séria" e que é propícia à investigação, via escuta/leitura/escrita, do conservadorismo ou preconceito instalado nos discursos. Os trabalhos de Freitas e Stigger tocam, assim, a abordagem documental.

Pode ser interessante mencionar que, em Copacabana, Rio de Janeiro, em uma das montagens do Paginário, série de murais que coloca literatura, arte visual e intervenção urbana em diálogo, fizemos uso da página de *Delírio de damasco* onde se lê: "Prefiro as gordas: elas se empenham mais." Esse mural foi montado em 31 de março de 2014. A página de *Delírio de damasco* o compunha junto com outras 149 páginas fotocopiadas de livros, selecionadas por mais de vinte pessoas que escolheram suas leituras preferidas. Algumas semanas após a montagem, voltei ao local, próximo à estação de metrô Siqueira Campos, e notei que havia duas páginas com as extremidades rasgadas. Pareciam ter sido alvo de uma tentativa de retirada, mas quem tentou não conseguiu, apenas rasgou as pontas. Uma das fotocópias com a ponta rasgada era aquela página de *Delírio de damasco*. No livro de Stigger, "Prefiro as gordas: elas se empenham mais" atua como mais uma presentificação, entre tantas, de pensamentos enviesados e grosseiros. Mas, quando a frase é deslocada para o Paginário – o que não deixa de ser uma devolução da frase à sua origem, a rua –, isso permite que sua intenção seja entendida de maneira completamente diferente. Qualquer pessoa que não tenha acesso ao livro pode se sentir ofendida. É possível que essa sensação de ofensa tenha levado à tentativa de retirada. Como devolvemos uma fala da rua para a rua, sob a forma de texto, é de se perguntar: como alguém reagiria se, em vez de ver a frase escrita num muro, ouvisse alguém dizer na rua que prefere as gordas porque elas se esforçam mais? Teria um ato análogo ao de retirar o papel do muro? Provavelmente, não. A força do escrito – e o fato de não ter um pai ou mãe localizável imediatamente junto a si – provoca esse tipo de resposta.

Se pensarmos numa página de romance e na sua fotocópia colada num muro de rua, podemos dizer que, como, em geral, o primeiro e o último parágrafos de uma página de romance surgem cortados, está sugerida a ideia de que se trata da parte de um todo, que está inteiro em outro lugar. Já a frase do livro de Stigger, por ser uma frase que ocupa uma página inteira, sozinha, isolada, sem cortes, oferece a aparência de ser um inteiro destituído de um contexto mais amplo.

Um livro guia o leitor por uma ordem específica. Mesmo que o leitor não precise começar na página 1 – como um livro de contos, que pode ser lido em ordens diferentes –, a organização material de um livro exige que haja uma ordem estabelecida pelo autor ou pelo editor. Na configuração expositiva, quando existe ordenação, é uma ordenação sugerida. A circulação que ocorre mais livremente, em comparação com a de um leitor de livro, permite associações diferentes daquelas privilegiadas pela ordem.

Em torno desse tema, é interessante ler o que diz Dominique Gonzalez-Foerster, artista cujo trabalho opera constantes diálogos com a literatura: para mim, o que continua sendo interessante na ideia de fazer exposições é que, diferentemente do cinema ou do teatro, o público pode escolher seu trajeto de circulação, sua forma de combinar os elementos, as sensações. Essa é, ao mesmo tempo, a fragilidade da situação expositiva; é o que torna tão difícil fazer com que o visitante se concentre no trabalho. [...] Gosto dessa noção de que o público faz parte do trabalho; o público escolhe como quer circular no espaço. Essa é a ideia de montagem. Esse ambiente não é para ser vazio. Não funciona sem pessoas, só faz sentido com público, com gente andando...[91]

Uma exposição joga com a tridimensionalidade e a espacialidade. Um livro tradicional, com a sequencialidade. Quando Verô-

---

91 Citada por Pato, 2012, p. 258.

nica Stigger olha sua exposição *Pré-histórias 2* e decide fazer, a partir dela, um livro, imediatamente é preciso estabelecer uma ordem. Qual será o primeiro texto, o segundo, o terceiro? Nesses termos, "primeiro", "segundo", e não em termos como "esse na direita", "esse na esquerda", "mais para cima", "mais para baixo". Curadoria não expositiva, mas sequencial.

Estabelecer uma nova sequência de palavras é o que faz Jonathan Safran Foer ao encarar *The Street of Crocodiles*. É como se ele dissesse ao autor: "Caro Bruno Schulz, esta palavra não precisaria vir depois dessa, você fez assim, e eu adoro isso, mas na minha narrativa eu prefiro excluir esta palavra e fazê-la ser seguida por outra, essa aqui, que você colocou mais adiante." Certamente, não é uma atitude tão generosa quanto a de Jen Bervin em *Nets*. Safran Foer esconde de nós boa parte do texto original, nos deixando somente com aquilo que ele escolheu. É como o canibal que se alimenta do outro, mata-o para que o outro o nutra, ou seja, passe a fazer parte de suas energias. Uma espécie de profanação. Safran Foer vampiro ou canibal de Schulz. Só que aqui, no caso, sempre poderemos recorrer ao *The Street of Crocodiles* original. A existência de *Tree of Codes* não elimina a existência de sua fonte. O texto original se contrai, é reduzido, eclipsado. Mas não é porque o livro conta com menos palavras que o original que é um livro de tamanho menor. Os buracos expandem o espaço que o livro ocupa.

Sobre a série *MixLit*, poderia dizer algo semelhante: "Caro autor, esse parágrafo do seu livro não precisa ser continuado apenas por esse outro que você também escreveu. Posso querer continuar a leitura por um outro parágrafo de outro livro." Não estou escondendo um texto original justamente porque não se trata de trabalhar com um texto original, mas com uma coletividade de textos. Não há uma "vampirização" ou "canibalismo", mas uma "coleta". A leitura coleta é de vários textos, não de um. Dessa maneira, a leitura praticada ganha ares de circulação em espaço expositivo, o que lhe confere também uma lógica de hipertexto: o texto tradicional, lido de forma "errada", transforma-se em parte integrante de um hipertexto. E a leitura, uma hiperleitura. Circulo entre textos diferentes.

Uma leitura em modo de circulação em exposições: uma série de trajetos possíveis, sendo o próprio trajeto do visitante um componente na produção desse ou daquele sentido, na medida em que o visitante o atualiza.

ESCRITA CONCEITUAL E A OBRA DE KENNETH GOLDSMITH

A trilogia americana de Goldsmith parte da apropriação de conteúdos simbólicos do cotidiano estadunidense e do cotidiano urbano em geral: esporte (beisebol, no caso do livro intitulado *Sports*), previsão do tempo (*The Weather*), informações do tráfego (*Traffic*). Todas essas obras são feitas de transcrições de transmissões radiofônicas, a partir de gravações. A escritura de Goldsmith é uma transcritura. Ele não escreve, ele transcreve – opera a transposição de um meio oral/auditivo para um meio de escritura/leitura. Ao transpor as transmissões orais/auditivas para meios de escrita/leitura, o conteúdo adquire novas dimensões. No calor dos acontecimentos, a natureza de uma transmissão fica em segundo plano, submersa na urgência das informações. Quando essas informações são deslocadas do rádio para o livro (deslocamento espacial), da oralidade para o texto (deslocamento de meio), e do momento em que poderiam ser úteis, momento em que descrevem ou alertam para algo que acontece em tempo real, para um outro posterior quando já perderam sua funcionalidade (deslocamento temporal), elas adquirem feições absolutamente novas. Gostaria de destacar dois trechos de *Sports*, em inglês do original. Aqui, o primeiro parágrafo do livro:

– 1 800 LAW CASTH reminds you that this copyrighted broadcast its presented by authority of the New York Yankees and may not be reproduced or retransmitted in any form. And the accounts and descriptions in the game may not be disseminated without the express written consent of the New York Yankees. Have a lawsuit? Need money? 800 LAW CASH will get you money right now. Don't wait for your case to settle. You or your attorney should call 0800 LAW CASH today.[92]

Terá Goldsmith pedido autorização para realizar esse trabalho? Ou o livro, anos depois de sua publicação, permanece como uma obra criminosa? O autor não nos dá nenhuma indicação. Por uma via torta, o início nos joga num clima de mistério. O prosseguimento da leitura faz do leitor um cúmplice. Alguns podem preferir não seguir, outros podem querer denunciar, e outros, sem resistir à curiosidade, seguem para o parágrafo seguinte. A narração instala, em seu início, desconforto ou excitação pelo gesto proibido.[93]

O parágrafo seguinte ao destacado é uma descrição do momento esportivo vivido pelos Yankees, à maneira que os locutores costumam fazer antes do início de um jogo. Com essa inferência, percebemos: o primeiro parágrafo era uma mensagem pré-gravada, provavelmente liberada por meio de um botão play apertado por um profissional técnico dentro de uma cabine durante o início da transmissão. Uma alusão ao próprio método de composição do livro: pré-decidido o conteúdo, basta apertar as teclas.

Em meus ouvidos, posso escutar uma voz robótica pronunciando aquela mensagem. Restrições à cópia ou retransmissão do conteúdo "sob qualquer forma", ofertas de empréstimo de dinheiro, menção a advogados. O início é pura ameaça. É de se perguntar

---

92 Goldsmith, 2008, p. 1.
93 Por e-mail, perguntei a Kenneth Goldsmith se ele havia pedido e obtido autorização junto à rádio para reproduzir o conteúdo da transmissão do jogo em *Sports*. Resposta de Kenneth Goldsmith, em tradução minha: "Não tive autorização. Simplesmente gravei o áudio do rádio e transcrevi o jogo. Eu simplesmente fiz. Nunca pedi autorização. Ninguém falou nada comigo depois da publicação. *Copyright* não existe."

se eu e as editoras deste livro, ao reproduzirmos nestas páginas o trecho que diz "*may not be reproduced or retransmitted in any form*" poderíamos sofrer um processo por parte dos New York Yankees. Um advogado perspicaz poderia alegar que reproduzi o livro de Kenneth Goldsmith, e não a transmissão da rádio.

Vejamos este outro trecho:

– Runners lead off of first and second. It'll be a 2-2 to Damon. He struck him out swinging. No runs, one hit, and two left. And now at the end of four and a half innings of play, the ballgame is tied at 7 on the Yanks Radio Network.
I'll never forget my wedding day. My car ran into a ditch because I didn't get my brakes checked. Don't let this happen to you. Come into Meineke for our oil change special and receive a filter and five quarts of oil, a tire rotation, a balance check and a break check for $19.95.
This is George Foreman. Now for most cars and light trucks at participating Meineke locations. Disposal fee and shop supplies may be extra. Ask store managers for details. Offer ends August 13th, 2006. Visit Meineke car care center for all your care needs.[94]

Em meio à narração da partida, o leitor é atingido pelo comercial de uma oficina mecânica. Quando escutamos o rádio, a inserção é distinguida imediatamente por uma voz diferente daquela do narrador ou do comentarista, ou por ser introduzida com um som/sinal já conhecido dos ouvintes, ou por aparecer em volume mais alto; enfim, há alguma indicação de que não se trata mais da locução da partida, e sim de uma publicidade. No livro de Goldsmith, a única diferença do texto da publicidade para o texto que narra a partida é um travessão no início do parágrafo (quando é publicidade, não há travessão). O texto da publicidade não é anunciado como algo "à parte" como costuma acontecer nas publicidades durante a transmissão de esportes pela televisão ou pelo rádio. Dessa forma,

---

94 Goldsmith, 2008, p. 57-58.

Goldsmith realiza aquilo de que falam Frederico Coelho e Mauro Gaspar: que a literatura inclua em si aquilo que não é visto como literatura e que faz parte do mundo cotidiano.

Trechos como esse, ao longo do livro, ressaltam: quando você está assistindo a uma partida esportiva na televisão ou a ouvindo pelo rádio, nunca está apenas vendo ou ouvindo a partida esportiva – ela vem acoplada a diversos outros gêneros, como os anúncios publicitários. Uma coisa faz parte da outra, não existe transmissão esportiva sem anúncio publicitário. Você está consumindo os dois.

Apesar de muitos escritores, hoje, não usarem o travessão, faz parte da tradição usá-lo no início de um parágrafo a fim de sinalizar a fala de uma personagem. Assim diferenciamos o texto que "sai da boca" da personagem e a narração do narrador. Em *Sports*, o narrador e o comentarista da transmissão ganham travessão no início de suas falas. Os anúncios publicitários, não. Não sabemos se essa formatação intenciona algo além de diferenciar os dois tipos de discurso, mas a escolha, se comparada ao modelo tradicional, dá margem a pensarmos que o narrador e o locutor se manifestam como personagens, enquanto quem os guia, quem conta aquela história é a publicidade.

Produtos de massa, como os programas de televisão, e os de rádio em menor escala, são pensados e trabalhados a fim de conquistar maior audiência. Talvez o principal motivo para isso seja o fato de que, quanto maior a audiência, maior o valor do espaço publicitário a ser vendido para propagandas. No final, televisão e rádio se pagam com o dinheiro dos anunciantes. Dessa forma, não é errado dizer que a publicidade orienta ou serve de bússola aos programas. Em *Sports*, com um mínimo de recursos, essa situação – que fica apagada ou em segundo plano quando estamos ouvindo ou assistindo a algum programa – é deixada nítida. O narrador de transmissão, geralmente visto como o condutor do programa, ganha travessão. A publicidade, não. É ela a voz que conduz. A voz que vem de lugar nenhum, que vem de cima, do lado, de baixo, de todos os cantos, não se sabe, mas está lá, emitindo-se nas brechas das falas do narrador e do comentarista. Essas são relações que só podemos construir caso leiamos o texto do trabalho de Goldsmith. Ultrapassando a contemplação visual e mental, percebemos que suas obras vão além do ideário modernista do choque e da provocação.

Passemos a outra característica das obras de Goldsmith: a transformação do áudio em texto e o deslocamento desse conteúdo para o formato livro conferem tridimensionalidade. *Sports* dá peso, tamanho e volume à quantidade de informação transmitida – imaterialmente – pelo rádio durante uma partida inteira de beisebol. Após ver/ler *Sports* ou *Day*, a experiência de ouvir uma transmissão de beisebol ou de ler um jornal nunca mais será a mesma. *Sports* e *Day* proporcionam o vislumbramento das informações como uma narrativa e uma construção. Algo, digamos, tão "artificial" quanto um romance, fruto da criação humana – uma visão que não dirigimos, em geral, às notícias de um jornal, tipo de texto mais ligado à ideia de "reprodução fiel da realidade" e não à criação.

Assim, ao dar peso, volume (mais de dois quilos e mais de 800 páginas) e um nome na capa para uma obra composta de notícias de jornal, *Day* desnaturaliza a nossa relação com a ideia do que é um jornal. Em relação ao peso, ao volume de páginas, *Day* nos mostra, fisicamente, materialmente, o quanto uma pessoa lê – geralmente de manhã – quando lê o jornal inteiro. O deslocamento revela que uma edição de jornal é um livro imenso. Não se poderia dizer, assim, que tal pessoa que lê jornal simplesmente "não lê", como se costuma dizer sobre quem não lê literatura. Tal pessoa lê uma quantidade enorme. Isso *Day* nos revela. Um jornal é uma vastidão de informação – informações escritas por diferentes pessoas, ou seja, um jornal é uma coleção volumosa de diversas autorias. Algumas assinadas, outras não, já que num jornal há seções em que reconhecemos os autores, às vezes até por fotos aliadas aos seus nomes, e outras seções anônimas, sem assinatura de jornalista – cuja autoria só pode ser designada ao próprio jornal, como editoriais ou textos de menor relevância dentro da hierarquia de notícias de um jornal. O nome de Kenneth Goldsmith na capa de *Day* cria um desequilíbrio, um estranhamento forte e profundo. Primeiro, ter um nome de pessoa física na capa leva a percepção para uma ideia de autoria e visão pessoal. O nome na capa indica: um jornal não é neutro, diz *Day*. Pode soar óbvio, mas a ideia de um jornal ser neutro faz parte da nossa relação cotidiana com ele, a começar pelo título (*New York Times*, *O Globo*, *Folha de S.Paulo*, *Correio Braziliense* etc.), geralmente impessoais e coletivizantes (nomes que falam por cidades, grupos, estados, e não por pessoas). O jornal, como meio e como emissão de uma interpretação, pretende-se invisível. A própria coletividade de jornalistas que produzem um jornal torna difícil que se possa apontar o dedo para alguém responsável por seu conteúdo. O nome de Kenneth Goldsmith na capa faz exatamente a ação contrária: "Sou eu o responsável por isso aqui", diz sua reivindicação de autoria do livro. Diferentemente de *Tree of Codes*, em que o nome do autor aparece como alguém que fez incisões sobre o texto, Kenneth Goldsmith aqui atua como um transcritor. Seu gesto é o da transcrição de um original. Goldsmith diz que foi preciso tomar algumas decisões durante a escritura de *Day*, como: o que fazer com as chamadas ao fim de algumas matérias? Aquelas que dizem ao leitor "continua na página 11", por exemplo. As chamadas deveriam ser continuadas de onde pararam ou continuadas da página onde de fato o texto se completa? Trata-se de uma decisão que mudaria os rumos do trabalho. No entanto, não parece ser uma alteração tão significativa a ponto de gerar diferença na potência do trabalho, visto que a potência desse trabalho não está na leitura do texto das mais de 800 páginas, mas no ato de levar aquele texto todo de um jornal a um lugar e contexto diferentes. Dessa forma, a obra de Kenneth pode ser classificada como um procedimento de escrita levado ao campo de pensamento da arte conceitual, sendo assim considerado escrita conceitual.

    É importante relembrarmos que a expressão "escrita conceitual", cunhada por Craig Dworkin, poeta e professor estadunidense afinado com a proposta de Kenneth Goldsmith, não se trata de um nome que aponta unicamente para obras feitas por meio do gesto da apropriação. Dentre as obras feitas por meio de apropriação na contemporaneidade, aquelas que se encaixam na linha de escrita conceitual são algumas das mais interessantes de ser debatidas. No entanto, a escrita conceitual como corrente artística envolve outros trabalhos em que a escrita pode acontecer também pela mão do autor, e não somente pela apropriação, deslocamento ou outro tipo de pós-produção. Sobre a expressão, Craig Dworkin diz: Eu cunhei a expressão "escrita conceitual" como uma maneira de assinalar escrita literária que poderia funcionar confortavelmente como arte conceitual e também para indicar o uso de texto em práticas de arte conceitual.[95] Assim, a categoria nasce híbrida.

Day acaba por ressaltar a narratividade em discursos cotidianos, porém sem que Goldsmith tenha a intenção de organizar ou reorganizar o texto, preocupação que está lá nos poemas com auxílio do Google de Angélica Freitas, e também em *MixLit* e, de forma menos amarrada, em *Delírio de damasco*. Enquanto Angélica, Verônica e eu trabalhamos com a coleta de material proveniente de fontes diferentes, Goldsmith, Jen Bervin e Jonathan Safran Foer trabalham com fonte única. Entretanto, enquanto Bervin e Safran Foer criam percursos por dentro do texto-fonte, buscando com o trajeto revelar um novo texto, Goldsmith não cria percursos, utiliza o material inteiro como um bloco, "apenas" deslocando-o de lugar. Aqui, entra a fisicalidade do ato da escrita numa modulação de tédio. Copiar, copiar, copiar. Por dias e dias e dias. Sem espanto, sem surpresa, nenhuma grande decisão a tomar. Uma máquina que executa a função determinada previamente. Autor-reprodutor. Um conteúdo banal – o jornal de todo dia –, deslocado por um gesto que em sua prática é banal – simplesmente copiar –, mas que resulta em algo sofisticado. Ao locomover o conteúdo de sua função ordinária de informar e transportá-lo para um livro, Goldsmith exatamente o "desbanaliza".

André Breton, os surrealistas e William Burroughs acreditavam que os objetos do mundo possuem determinada intensidade, ainda que não identificável, banalizada pela utilização cotidiana. Desejavam reanimar essa intensidade adormecida, para pôr a mente mais uma vez em contato com a matéria de que era feito o mundo. André Breton via beleza no "encontro casual de uma máquina de costura e um guarda-chuva sobre uma mesa de operação". Para ele, a simples

---

95 Dworkin & Goldsmith, 2011, p. 23.

reunião de objetos em um contexto inesperado já revigorava suas qualidades misteriosas ou despotencializadas pelo cotidiano. Um dos elementos de *Day* é justamente este: o encontro do conteúdo de um jornal inteiro com o formato livro. Temos, assim, uma outra intensidade para fatos do cotidiano e registros de jornal.

No ensaio "O êxtase da influência", Jonathan Lethem diz que essa "crise do olhar" identificada pelos surrealistas já estava sendo diagnosticada por Martin Heidegger, quando o filósofo alemão sustenta que a essência da modernidade é encontrada em determinada orientação tecnológica, a qual ele chamou de *Gestel* (enquadramento). *Gestel* seria uma tendência de funcionalização, uma tendência que nos leva a enxergar os objetos apenas da maneira como *a priori* eles indicam que podem nos servir. O que a arte cumpriria seria a tarefa de encontrar maneiras de nos reposicionar diante dos objetos, nos fazer enxergá-los como coisas destacadas – coisas em relevo – em relação ao fundo que é sua funcionalidade. Assim, a arte reanimaria certo objeto, conferindo um novo efeito. *Day*, ao dispor em mais de oitocentas páginas seguidas (assim como as outras obras de Goldsmith), em formato de livro, sugere – além de tudo já descrito – uma outra leitura, uma leitura em *continuum* de um jornal. Não por seções, como política, esportes, mundo, mas uma leitura continuada, não saltada, visto que as notícias correm como um todo, página atrás de página, como uma grande odisseia informacional. E, no entanto, de certa maneira entediante, visto que o texto original, do jornal, não foi pensado e escrito para ser lido em extensão, continuamente, e sim saltadamente, com pausas, e segundo o direcionamento dado pelo próprio jornal, por seções específicas categorizadas por assuntos e com diferentes fontes – minúsculas, maiúsculas, disposições visuais que atraem o olhar mais para um ponto do que para outro etc. – e nada disso é usado em *Day*. Ainda mais, dada a velocidade dos acontecimentos e transmissões hoje, nada mais irrelevante do que notícias do dia anterior. Notícias não atualizadas, velhas, obsoletas.

A opção pelo formato livro se dá justamente pela contraposição da duração do formato livro com a efemeridade do jornal. A significação e a potência latentes no deslocamento do texto do *The New York Times* para um formato livro não seriam as mesmas caso o texto fosse transcrito e levado para uma tela de cinema, por exemplo, ou outro tipo de projeção. O livro é um formato com prestígio, enquanto o jornal é um formato do cotidiano. Um se coloca na estante, o outro vai para o lixo. O livro traz uma capa com nome de autor. O formato de *Day* não traz nenhuma beleza ou estética visual mais elaborada – é o meio livro, como suporte, que conta: o fato de toda a informação de um jornal estar agora em um livro e com um nome de autor. O propósito aqui, como em outras obras que dialogam com essa, está relacionado ao interesse filosófico que pode haver na simples ideia de fazer.

Como já dito, obras como *Day*, *Traffic*, *Sports* ou *The Weather* não têm intenção de captar um leitor, à maneira que pensamos em um leitor que gosta de ler romances, contos, poemas, porém todos são trabalhos que certamente podem ser lidos. Claro que é difícil imaginar alguém dizendo "não consigo parar de ler". A curiosidade, que talvez faria um leitor pular páginas e ir direto ao final do livro, se dá não pelo "quero saber como acaba", mas pelo "quero ver se o livro é realmente isso até o final", mesmo que seja raro que essa curiosidade leve um leitor a percorrer o livro da primeira à última palavra.

Em *A transfiguracão do lugar-comum*, Arthur Danto imagina um exemplar – sem que tenha recebido ainda a classificação de obra ou trabalho artístico ou literário ou qualquer categoria – do catálogo telefônico de Manhattan de 1980. Diz ele que, ao deparar com isso, o leitor teria interesse em se certificar de que o autor foi fiel à suposta intenção de concluir o épico com uma coluna de nomes iniciados pela letra Z. Por isso, ficaríamos bastante surpresos ao encontrar na última página uma fileira de nomes iniciados com a letra M quase como se descobríssemos que o culpado é o jardineiro e não o mordomo ou que a heroína feminista finalmente preferiu o casamento a buscar uma realização pessoal por meio da cerâmica. O mesmo espanto nos assaltaria se, pensando termos chegado ao fim do primeiro volume, que normalmente vai do A ao M, encontrássemos M e R iniciando nomes na última página. E certamente iríamos exigir que nos explicassem a presença dos nomes com R nessa página, explicação cuja forma deveria levar em conta a identificação do objeto como um romance, isto é, tomar por referência a ordem narrativa.

O que Danto busca mostrar é que num objeto como esse, muito semelhante em procedimento a *Day* e à trilogia americana de Kenneth Goldsmith, há um suspense, há um apelo narrativo. O fato de *Day* terminar onde o jornal original termina, ou de *Sports* terminar onde termina a transmissão do jogo de beisebol, confere às obras a evocação de uma estrutura clássica de narrativa. É esse jogo entre uma forma clássica, um suporte aurático e um gesto e um conteúdo que não se costuma ver nessa forma e nesse suporte que geram certa dissonância cognitiva ao depararmos com tais obras. É como se aquele texto não devesse estar ali apresentado sob aquela forma e naquele suporte. E é como se aquele suporte não fosse feito para veicular aquele texto. Há um vínculo entre texto, suporte e forma, como geralmente percebidos, que se quebra nessa obra. O texto de jornal não está em jornal, sua forma é de um inteiro com início, meio e fim, e o suporte livro não traz em si o que costumamos pensar como conteúdo de livro. Há uma desvinculação conceitual entre suporte, forma e texto, a fim de criar um novo vínculo, o qual nos surpreende, questionando percepções acomodadas.

Fica claro que *Day*, ou *Traffic*, ou *Sports*, ou *The Weather* não são cópias ou imitações. Como diz Arthur Danto, o objetivo da imitação é ocultar do observador que se trata de uma imitação, e de forma alguma *Day* faz isso. A cópia é um exemplar que busca atingir o máximo de semelhança com uma outra obra, apesar de não se fazer passar por ela. A semelhança que *Day* busca é em fazer o seu texto equivaler ao discurso oral do locutor de rádio, mas isso apenas no conteúdo, não na forma e suporte, o que faz de *Day* uma nova obra, e não uma cópia. Tudo o que há de semelhante é a grafia.

Portanto, nessas obras de Goldsmith há um apelo de suspense: o autor se manterá fiel ao seu propósito até o final? Ao seguirmos com a leitura e vermos que sim, que Goldsmith se mantém fiel, não podemos deixar de sentir: "Não, ele não fez isso, por favor, diga-me que não é verdade." É como se a existência dessas obras colocasse à prova certas noções que carregamos como verdades: um escritor escreve textos que vêm dele, um nome na capa indica a pessoa que criou aquele texto, um jornal é um veículo informativo e imparcial... Ao avançar, o leitor sente-se maravilhado com a inquebrantável determinação narrativa do escritor.[96]

Se *Sports* não terminasse onde termina originalmente a transmissão da partida, o leitor certamente se sentiria enganado. O término do livro antes de a partida de fato terminar o frustraria, assim como se, após o texto relativo à partida, o livro continuasse e passássemos a ler comerciais de sabão. A proposta não se manteria, o encanto da restrição a um conceito se perderia.

Os trabalhos de Kenneth Goldsmith nos obrigam a pensar também no formato livro. Por que ele desloca o conteúdo de uma transmissão de rádio para o formato livro? O livro é identificado com a alta cultura, é um suporte auratizado. O rádio e o jornal, ao contrário, simbolizam a cultura de massa. A transposição desse conteúdo para aquele suporte gera o choque, a provocação. Profana o suporte.

A escolha de um jornal impresso a ser transportado para o meio livro ganha maior valor, poder simbólico quando lembramos, com Walter Benjamin em "O autor como produtor", que o jornal impresso foi o meio de massa que começou a embaralhar as figuras de autor e leitor. Por meio dos espaços reservados às "cartas dos leitores", a mídia impressa trouxe para "dentro de si" o texto daqueles que ficavam do lado de fora. O leitor que tinha uma carta sua publicada num jornal transformava-se, ele também, num autor daquela edição do jornal. Diversas notícias e pequenos artigos podiam e podem não figurar associados a uma assinatura, mas a carta do leitor, não: ela era e é ligada a um nome, uma assinatura, mesmo que sem valor de nome de autor no sentido literário. Assim, o jornal se transformava num trabalho textual com dezenas, centenas de autorias, tanto aquelas pagas pelo jornal e reconhecidas no seu meio de trabalho quanto aquelas autorias espontâneas, que escreviam sem qualquer retorno financeiro, apenas pelo desejo de se expressar.

---

96 Danto, 2005, p. 199.

Para Benjamin, o jornal é o cenário dessa confusão literária.[97] Diz ele que, para a imprensa burguesa ocidental, a indiscriminação entre leitores e autores nunca caiu muito bem, como podemos ver até hoje por livros como *O culto do amador*, lançado em 2007 pelo estadunidense Andrew Keen, para quem em nossa época o amadorismo domina a produção de informação, o que causaria uma série de prejuízos aos nossos valores. *Day* ganha ainda maior força simbólica ao levarmos esses fatos em conta – é como se Kenneth Goldsmith se colocasse como um nome que aglutina todas aquelas vozes do jornal, ao mesmo tempo em que ele não se responsabiliza exatamente pelo que elas dizem, no seguinte sentido: aquilo que elas dizem e como dizem não expressam nem sua opinião nem o seu estilo pessoal.

Os trabalhos de Goldsmith não procuram uma produção de linguagem que intencione atrair um leitor, capturá-lo, nem buscam um estilo pessoal de escrita. Por isso, *Day* e a trilogia americana se posicionam num lugar muito raro dentro do conceito de literatura e do que esperamos do conteúdo de um livro. E não se trata de um artista que fez um livro de artista, mas toda uma carreira, uma série de livros que trabalham nesse espaço até então ausente de definições claras e que, por isso mesmo, recebeu o nome de escrita conceitual.

Tratando-se de transcrições de conteúdos preexistentes, se desconsiderarmos algumas decisões sobre a formatação, qualquer um poderia copiar ou transcrever conteúdos e publicar os textos em livro. No entanto, Goldsmith já fez esse trabalho. O fazer, ou ter feito, é importante. O fazer é uma força irredutível, sem a qual o poema não pode existir: não importando a suposta redução – ou, para alguns, mesmo a ausência – de originalidade que há neles, a cópia, o plágio e a transcrição são um fazer,[98] diz Alberto Pucheu. E como Kenneth Goldsmith já fez o que fez, qualquer outro exemplar, de outra pessoa, que emulasse o que ele fez dialogaria com o seu trabalho. Seria impossível falar dessa nova obra sem remeter à obra anterior. Assim

---

97 Benjamin, 2012, p. 133.
98 Pucheu, 2014, p. 81.

como falamos das vanguardas do início do século XX, de Duchamp, de Picasso, e as diferenças para o contexto atual. Enquanto a obra de Goldsmith existe como uma obra singular, uma replicação de uma obra sua seria sempre uma replicação de uma obra de Goldsmith, mesmo que acabe por despertar novas questões. Para que uma cópia de *Traffic*, por exemplo, deixasse de ser uma cópia de *Traffic* para se tornar uma nova obra de arte, ele (o artista) deveria não se limitar a reproduzir *Traffic* à semelhança do original, mas apresentar uma ideia sobre *Traffic*. Mesmo assim, seria impossível se referir a essa nova obra sem se referir à anterior. O que não é problema algum, pois as obras existem em diálogo com outras. Assim como no conto de Borges é impossível falar da intenção de Pierre Menard sem falar do Quixote original, sendo que o texto de Menard apresentaria não só o mesmíssimo texto que o Quixote de Cervantes, mas também uma ideia: o tempo muda um texto, porque as novas interpretações e contextos geram novas percepções sobre esse texto. Assim, o texto em si não precisaria ser diferente do original. O novo contexto gera o novo conteúdo, como nos ensina o conto de Borges. Apesar de suas "congruências gráficas", o Quixote de Menard e o Quixote de Cervantes são diferentes. Não é só que os livros tenham sido escritos em épocas diferentes por autores diferentes, com nacionalidades e intenções literárias diferentes: nenhum desses fatos é externo e todos servem para caracterizar as obras e evidentemente para particularizá-las,[99] diz Arthur Danto.

Ao final de *Traffic*, deparamos com o seguinte texto: "Existem 1.000 cópias desta edição, das quais 24 estão assinadas e numeradas pelo autor." Com isso, Kenneth Goldsmith dialoga tanto com o contexto de mercado artístico como com o contexto de mercado literário. No mercado literário, não há problema em se ter milhares de exemplares. A quantidade de mil exemplares não é um número exatamente expressivo para o mercado literário estadunidense, mas muito acima da quantidade de cópias/exemplares que os artistas costumam fazer de um trabalho. No mercado literário, o valor

---

99 Danto, 2005, p. 67.

artístico de uma obra geralmente não tem relação com o número de exemplares produzidos. Não é por haver apenas cem exemplares de uma obra que ela terá maior valor do que uma obra que foi impressa dez mil vezes. Como Arhur Danto nos lembra, você pode queimar um livro mas não queimará o poema. O poema, nesse caso, não é identificado com as páginas que você pode queimar. Já no mercado da arte, não. No mercado de arte, geralmente, há um objeto original. A escultura, o quadro, a instalação, a gravura, a colagem. O fato de 24 edições de *Traffic* levarem a assinatura do autor torna essas 24 mais especiais, conferindo-lhes certa aura que as diferencia das outras. Essas 24 assinaturas fazem com que as mil impressões de *Traffic* não sejam iguais. Elas têm identidades diferentes. Não basta ter uma tiragem limitada a mil exemplares. Dentro desses mil, ainda há aqueles que detêm um toque aurático do autor, como se de alguma maneira aqueles fossem "mais originais" do que os outros 976 exemplares. Dessa maneira, Kenneth Goldsmith realiza uma espécie de contágio entre a lógica do mercado literário e a lógica do mercado de arte, não inserindo completamente a obra em nenhum dos dois, visto que para o mercado de arte seria mais comum que essa obra tivesse apenas suas 24 cópias assinadas, ou doze ou dez, ou uma, se pensarmos nela como uma escultura de papel; para o mercado literário, o mais comum seria que o livro pudesse ser reproduzido ilimitadamente, sem um teto de mil exemplares. De forma que Goldsmith leva sua obra a frequentar um lugar que dialoga com as duas categorias.

Em relação ao conteúdo de *Traffic*, podemos perguntar: quem é seu dono? De quem é o conteúdo dos relatórios de tráfego? Da rádio que o veiculou, claro. Mas o que a rádio veicula é som. Áudio. *Traffic* é um trabalho de texto. Kenneth Goldsmith se apropria de um conteúdo e o translada para outro meio. Não se trata de um plágio: a transmissão original era som, a obra de Goldsmith é texto. A transmissão original não era uma obra, mas uma emissão radiofônica de caráter informativo. Os dois objetos (transmissão de áudio informacional e texto em livro artístico) pertencem a categorias distintas. Foram emitidos de maneiras diferentes. Nunca estaríamos falando dessa transmissão da rádio WINS de Nova York se não houvesse

Traffic. A única coisa que eles têm em comum é o conteúdo. No mais são diferentes, cada um com seu objetivo. O conteúdo, isolado de seus meios, suportes e intenção, não faz uma obra de arte.

Em 1969, o artista estadunidense Joseph Kosuth escreveu o ensaio *Art after philosophy*. Nele, Kosuth defende que a obra de arte não necessita de esmero técnico, mas de potência conceitual. Força de ideia, intensidade de percepção. Essas dimensões são provenientes de seu conteúdo, de seu suporte e de sua intenção, claro. E por isso não podemos isolar o conteúdo, é preciso levar em conta o suporte de cada um e as intenções. *Traffic* reproduz o mesmo conteúdo de uma transmissão de rádio, mas, se ficamos apenas com o conteúdo, cegamo-nos para a arte. A obra de Goldsmith não requer grande esmero técnico, mas sua intenção, seu gesto são de grande refinamento conceitual e geram uma mudança de percepção, ou seja, apresentam uma ideia. De acordo com a noção de arte apresentada por Kosuth, *Traffic* é arte.

Na exposição *Titled (Art as Idea as Idea)*, de 1968, Joseph Kosuth apresentava ao público uma série de fotocópias ampliadas de diferentes definições de dicionário para a palavra "nada". A multiplicidade de definições continha diferenças bastante significativas. Kosuth apontava exatamente para a variedade de significados e sentidos que uma coisa pode adquirir dependendo da interpretação, do ponto de vista da pessoa. Uma multidão de interpretações possíveis, uma potência positiva da ausência de definição única. Assim, ele lançava um desafio característico da arte conceitual: uma coleção de definições de dicionário pode ser arte? De novo, o artista não deseja apresentar ao mundo certa habilidade sua, como um talento soberbo para a pintura, mas lançar uma questão. Ou várias. O que é arte? Como pensamos o nada? Será que o nada de fato existe? Como nos entendemos ao falar do nada se o nada pode significar tantas coisas diferentes para cada um?

Traffic se interessa por essa voltagem de produção de pensamento. Potência filosófica. O poeta como um investigador do funcionamento da linguagem, e não apenas como um operador de significações verbais. É o deslocamento do meio emissões radiofônicas para o meio livro impresso que gera a potência artística e conceitual de *Traffic*. Ao ouvir uma transmissão de rádio, não pensamos "isto é uma transmissão de rádio". Em meio à avalanche de informações, o meio fica opaco ou até mesmo invisível. Não o levamos em conta. A transmissão – e seu conteúdo – surge como algo natural. Quando esse mesmo conteúdo é deslocado para um livro, percebemos a transmissão radiofônica como um dado em si justamente porque, ao ser deslocado para outro espaço, o original se desfuncionaliza e torna-se apenas o que ele é como matéria, sem utilidade. Assim, *Traffic* é uma obra consciente dos meios. Ao contrário do rádio, não busca deixar o meio transparente, mas ressaltá-lo. Apesar de operar com outro tipo de percepção, *Tree of Codes* faz o mesmo: busca ressaltar que seu suporte é um livro. Um livro de papel. E, se não fosse de papel, não existiria, pois seus buracos e recortes só podem existir num livro de papel. Impossível imaginar *Tree of Codes* em versão digital para computador ou leitor eletrônico.

A escolha do objeto textual de *Traffic* não se dá à toa. Como dito anteriormente, *Traffic* (2007) é o segundo volume da trilogia americana. O primeiro, *The Weather* (2005), transcreve todas as previsões de tempo diárias da rádio WINS para três estados estadunidenses: Nova York, Nova Jersey e Connecticut. *Traffic* registra o período de 24 horas de relatórios de tráfego a partir de uma das câmeras da rádio WINS, instalada em certo trecho de Nova York, sendo que os relatórios são emitidos – na realidade e no livro – a cada dez minutos. O terceiro, *Sports* (2008), contém uma transcrição de um jogo inteiro de beisebol, com duração real de cinco horas, entre New York Yankees e Boston Red Sox, em agosto de 2006, narrado pelos comentaristas esportivos habituais dos jogos dos Yankees, John Sterling e Suzyn Waldman. A opção de criar obras em cima dos temas de clima, trânsito e esportes, e chamá-las de "trilogia americana", não é gratuita. Esse conjunto de temas diz muito sobre a cultura e o modo de viver estadunidense. É conhecido o gosto dos estadunidenses por estatísticas e informações que possam ajudá-los a melhorar a performance. Não falo de performance artística, mas da superação – mais rápido, melhor, com mais qualidade – em qualquer aspecto da vida, como pegar uma via menos congestionada a fim de levar menos tempo no trânsito. Claro, é do gosto geral levar menos tempo no trânsito, mas o afinco aplicado na obtenção de dados para isso e o posterior trabalho em cima desses dados são uma marca da cultura estadunidense, como podemos ver também no contexto dos esportes, em que treinadores e suas equipes são obcecados por dados de performance de cada atleta, entendendo que assim serão auxiliados a tomar melhores decisões. Fora *Sports*, que trabalha com o contexto em que a informação é importante, mas cujo conteúdo não é preditivo, as duas outras obras tratam de emissões de previsão. Previsão de tempo, previsão de melhor itinerário para trafegar. Elas falam do desejo de haver dados para orientar a performance da vida. Falam de previsibilidade e de planejamento. E de como manter-se informado pode ajudar você a se guiar melhor pela vida (dentro de certo entendimento do que é "melhor", é claro).

Nos procedimentos aplicados na escrita não criativa há uma parcela de tentativa de fuga dos condicionamentos humanos – é essa tentativa que leva cada obra a graus maiores e menores de intervenção do autor –, condicionamentos presentes mesmo em atos de criação. No caso das obras de Goldsmith, como elas cumprem à risca uma proposta próxima do maquinal, se poderia pensar que nessa fuga acaba-se não por ser conduzido à liberdade e sim à arbitrariedade. Por isso, a necessidade de um recorte que leva em conta um grupo de obras suas e de onde elas partem, observando quais são os temas em jogo, que diálogos estabelecem, quais efeitos causam ao serem lidas de fato, e assim podemos perceber que, apesar de fazerem uso da ideia de superficialidade, não há descabimento. Sim, uma vez escolhida a arbitrariedade, em certas obras, como as de Goldsmith, o autor já não desfruta de imensa liberdade, mas é justamente por isso que a escolha das restrições – esse cálculo – é tão importante: quanto mais feliz for essa escolha, maior será a chance de a obra não se configurar numa casualidade gratuita.

As grandes cidades do mundo, como Nova York e São Paulo, atingiram hoje uma situação em que o trânsito engarrafado é a situação normal, é já algo dado, que existirá independentemente de eu ou você pegarmos nosso carro ou não. Todos nós, citadinos, nos perguntamos como contornar essa situação. Para isso, a lei do rodízio em São Paulo; para isso, os aplicativos de rotas alternativas; para isso, a audição dos informes de trânsito. Aqui, *Traffic* encontra um lugar potente. Ele se insere num outro tipo de referencialidade, que não é a referencialidade mimética, clássica, da prosa referencial. *Traffic* é uma visão do trânsito muito mais próxima da realidade atual do que representações como a de Godard no filme *Week-end à francesa*, que mostra o trânsito como algo infernal, e do que a ideia do futurista Marinetti, que louvava as máquinas, o carro, a gasolina como entes divinos. *Traffic* não saúda a velocidade dos automóveis de Marinetti nem mostra o trânsito como um empecilho ao homem, ele o toma como um dado da vida, que está aí, como outros. Não podemos superá-lo. E não se trata de fazer dele o demônio. É espantoso: mesmo nesse registro que pode soar lacônico e conformado, há emoção e suspense. No horário 5:11, diz o locutor:

> Tem um caminhão vazando óleo. As autoridades têm fechado e aberto a pista esporadicamente. No momento está fechada enquanto eles aterram a estrada. E o trecho mais lento na baixa Manhattan agora é no Midtown Tunnel com os atrasos começando a crescer. Diremos mais a vocês assim que chegar até nós.[100]

O último capítulo do livro, que fecha o ciclo de 24 horas com um novo "12:00", apresenta trechos como: "O pior já passou, e chegou o fim de semana oficial do feriado. Gostaria de desejar a todos aí que tenham um final de semana feliz e seguro..."; "Olhando as pontes Williamsburg, Manhattan e Brooklyn, está tudo um grande sinal verde"; "Até a ponte GW, que andou afogada pelo que parece ter sido as últimas vinte e quatro horas, agora flui que nem água".[101]

---

100 Goldsmith, 2007, p. 21. Tradução minha.

101 Goldsmith, 2007, p. 115. Tradução minha (vale para todos os trechos neste parágrafo).

Impossível não ver traços literários nesses trechos. A imagem de três pontes com trânsito normalizado, sem engarrafamento, como "um grande sinal verde" é totalmente pertinente e tem sua beleza, unindo as três numa imagem só e trazendo o leitor quase para dentro de um carro, de dentro do qual sente-se relaxado ao passar por um sinal verde, sem ter de parar. A metáfora da ponte GW fluindo como água, na última frase do livro, joga um pouco de natureza em cima do que eram máquinas. Joga alguma naturalidade em cima do que era controle. Já o trecho em que o locutor fala diretamente com seus ouvintes funciona como um narrador falando aos seus leitores, comunicando a eles que a história chega ao seu final. Tem-se, depois de tantos acontecimentos, o fim de um ciclo. Há começo, meio e fim, conforme a imagem da cidade pesadelo cede espaço a uma visão momentânea da estrada livre – "um grande sinal verde" apontando para o futuro.

Contribui para a narratividade a divisão do texto em capítulos. Cada hora tem o seu capítulo, cada um dividido em seções de tempo de dez minutos. É uma divisão ilusória, visto que os acontecimentos continuam sem qualquer mudança significativa (por exemplo, de local ou um salto maior no tempo) de um capítulo para outro. Do final do capítulo 9:00, com a entrada 9:51, para o início do capítulo 10:00, com a entrada 10:01, tudo o que aconteceu foi a passagem de dez minutos. Apenas isso. E é o mesmo para todos os capítulos. Uma passagem igual, no elemento "tempo", a todas as outras do livro, inclusive em relação às passagens entre as diferentes entradas de um mesmo capítulo.

Dessa maneira, não se pode dizer que a transcrição de Kenneth Goldsmith seja mera reciclagem passiva. Após selecionar o conteúdo a ser trabalhado, Goldsmith toma decisões sobre a forma como o texto será apresentado, e essas decisões afetarão a perspectiva que se tem do trabalho. Por exemplo: apesar de seu método arquivístico, o relatório de Goldsmith, além de conter elementos que jogam com a ideia de narrativa, não contém as informações que um arquivo comum apresentaria. Não sabemos quais são os dias, qual "grande feriado de fim de semana" é aquele. É um dia sem referencial dentro do calendário. Tudo o que sabemos é que é um fim de semana, mas não sabemos se é sábado ou domingo, ou até mesmo sexta-feira, nem se a contagem começa ao meio-dia ou à meia-noite (os horários são apresentados no esquema estadunidense, a.m., p.m., só que sem o a.m. ou p.m., nem se esse horário é o de sexta, de sábado ou de domingo. Assim, Goldsmith aponta para uma situação universal. A forma como Goldsmith trata o material de *Traffic* – os boletins de trânsito –, dividindo-os em capítulos, ou o material de *Day*, escolhendo onde cada tipo de notícia deve vir, demonstram, como dito acima, que há o que podemos chamar de decisões autorais em jogo. O autor Goldsmith é o veículo de um procedimento, autor-máquina, sim, mas não sem que isso inclua algum grau de interferência autoral, no sentido de que Goldsmith apresenta seu material à maneira própria de Goldsmith. Outra pessoa poderia, com o mesmo material em mãos, apresentá-lo, dividi-lo, dispô-lo de outra maneira, e isso resultaria numa obra diferente. De forma que há uma brecha nesse gesto quase maquinal em que a subjetividade de Goldsmith atua de maneira perceptível.

Marcel Duchamp buscava fazer arte não retiniana, ou seja, arte que não tomasse como função agradar aos olhos ou, ainda, arte que não tomasse como alvo principal os olhos, a retina. Arte, por fim, que não fosse, em si, a imagem que apresenta. Duchamp baseava suas escolhas nos quesitos de indiferença e na total ausência de bom ou mau gosto. Sobre as obras de Goldsmith pensadas aqui podemos dizer algo semelhante: o autor não optou por um texto mais ou menos próximo a uma categoria de "bom gosto" ou "mau gosto". Os critérios são outros. Com Duchamp, a obra "pode" ser olhada, vista, observada, só que ela não trabalha com as noções de beleza e destreza manual, como um quadro de Van Gogh ou uma escultura de Rodin trabalham. Da mesma maneira, a arte de Goldsmith pode ser lida, só que ela não trabalha com a noção de qualidade literária como Philip Roth ou Raduan Nassar trabalham. Tanto a arte de Duchamp não prima pelo esmero visual quanto a de Goldsmith não prima pelo esmero textual – as duas não têm no prazer estético do olho ou da legibilidade o seu fim. Duchamp diz: Tentei constantemente encontrar alguma coisa que não lembrasse o que já aconteceu antes.[102] Para Duchamp, fazer arte era lutar com seu passado imediato, no caso um passado composto pela arte retinal dos pós-impressionistas e cubistas. Como não queria (ou não poderia) emular as técnicas de pintura de Picasso ou Matisse, Braque ou Gris, ele decidiu, num momento crítico, "fazer alguma outra coisa".[103] Essa parece ser uma premissa da escrita de apropriação: fazer alguma outra coisa, escrever de uma outra maneira. Escrever sem escrever.

Pelos hábitos de leitura tradicionais, o desafio à leitura se torna maior em *Traffic* do que em *MixLit* ou nas googlagens. O método apropriacional nesses dois não impede que adquiram um formato final perfeitamente legível de acordo com os hábitos tradicionais de leitura. *MixLit* e as googlagens de Freitas procuram, desde o início, se vincular a certa afetividade do leitor. São obras que procuram fazer contato, enquanto em *Traffic* há uma espécie, inicialmente, de desafio ou de bloqueio para a leitura. Trata-se de uma proposta de leitura mais dura, mais seca. Enquanto *MixLit*, googlagens, *Delírio de damasco* e *Nets* trilham percursos entre leituras, *Traffic*, *Day*, *The Weather* e *Sports* (e *Sessão*, à sua maneira) não traçam percursos. Eles são, em si, uma imensa citação. Ao citarmos, de um livro para outro livro, por exemplo, estamos reproduzindo o conteúdo de uma fonte numa outra fonte, trazendo-o para um novo contexto. O que *Traffic* faz, por exemplo, é citar não uma frase ou um parágrafo ou três acordes de uma canção, mas uma transmissão radiofônica inteira. É como uma grande citação, transcrita das ondas de áudio para ser realocada num contexto entre capa e contracapa.

As obras de Goldsmith trabalham menos com a ideia de montagem, e mais com a de deslocamento total. Elas não pedem tempo de imersão e leitura. Parecem menos a chama de uma vela que nos faz imergir em seus detalhes e mais um espelho que nos faz virar para outras direções, criando novas associações. Nessa família da

---

102 Citado por Perloff, 2013, p. 268.
103 Perloff, 2013, p. 269.

arte espelho, que leva quem entra em contato com ela a perceber o contexto em que ela se insere, as obras de Goldsmith estariam em companhia de Marcel Duchamp, Andy Warhol e John Cage, por exemplo. É por isso que podemos dizer que elas, apesar de se constituírem de páginas e mais páginas de texto, se aproximam mais da arte conceitual do que os outros trabalhos discutidos aqui, cujos textos pedem leitura. Já as de Goldsmith não requerem leitores. Nem tanto: isso é uma verdade parcial. Apesar de não requerer leitores, a leitura das obras de Goldsmith, como demonstram os trechos de *Sports* e *Traffic* citados aqui, abrem novas janelas para elas, as tornam mais interessantes, e assim levam o leitor para um outro lugar além do choque.

Pensemos, mais uma vez, em *Day*. Todo o texto original da edição do *New York Times* de 1º de setembro de 2000, em sua maioria narrativas jornalísticas (excluindo publicidades), foi escrito sem que seus autores buscassem comprovar nenhuma tese específica e especial ao adotá-la (ou seja, os jornalistas não escolheram, entre opções que tinham, fazer textos em tom e formato jornalístico, o que é simplesmente um pré-requisito para eles e seus textos). Já o autor de *Day* utilizou-se do formato jornalístico em sua obra como uma escolha pensada e repensada. Quando *Day* é impresso e ganha materialidade, isso acontece após o autor passar por um processo de reflexão e escolhas, e ele escolheu aquele tom e formato – entre tantos outros – para gerar a sua obra. A opção pelo formato jornalístico diz algo, não é uma opção dada ou neutra como num jornal diário. Para Arthur Danto, qualquer representação que não seja uma obra de arte pode ter um correlato em outra que é arte, e a diferença está no fato de que a obra de arte usa a maneira como a não obra de arte apresenta seu conteúdo para propor uma ideia relacionada com a maneira como esse conteúdo é apresentado.[104]

Uma das intenções é ressaltar e nos fazer reparar na maneira como os fatos são escolhidos e apresentados num mundo pautado por meios de comunicação de massa. O fato de colocá-los em li-

---

104 Danto, 2010, p. 213.

vro ressalta a ficcionalidade que pode haver em textos jornalísticos, por mais que não sejam literatura. *Day* é, assim, composto de não ficção que contém graus de ficcionalidade, já que sabemos que o jornalismo é sempre uma versão, dependente do ponto de vista do jornalista e do seu empregador, entre outros fatores. Goldsmith tem consciência da estrutura da mídia e usa essa estrutura como recurso estilístico, fazendo da forma como a mensagem é transmitida o centro de atenção da sua obra.[105]

A forma da narrativa jornalística, à qual prestamos muito pouca atenção por ser tão banal em nossa cultura, foi escolhida por M. exatamente por sua banalidade,[106] diz Arthur Danto. Aqui, Danto fala de um artista fictício chamado M., mas bem poderia ser Kenneth Goldsmith. Será que o leitor aguenta tanta banalidade? Numa reportagem do jornal espanhol *El País*, Goldsmith declara: Eu não tenho leitores. Não se trata disso. Meus livros são chatíssimos e lê--los seria uma experiência espantosa. Não se trata de ler, mas de pensar em coisas sobre as quais nunca pensamos. A medida do êxito de um livro como esse é a quantidade de debate que gera. E sobre meus livros se escreveram resenhas, comentaram em blogs, eles foram incluídos em programas de cursos universitários. Não nos enganemos, nisso não há diferença com as grandes obras da vanguarda. Quem lê os *Cantos* de Pound ou o *Ulysses* de James Joyce? São livros dos quais todo mundo fala, mas praticamente ninguém lê. Quando me dei conta, pareceu uma ideia genial e me apropriei dela. E funciona perfeitamente.[107] Percebe-se que o interesse do poeta parece estar mais num público pensador do que num público leitor. A legibilidade e o prazer da leitura não são metas do escritor conceitual, indica Goldsmith.

---

105 Como falamos em "a obra de Kenneth Goldsmith", convém ressaltar que nesse texto tratamos apenas de parte da obra dele (os livros que compõem a trilogia americana e *Day*, lançados entre 2003 e 2011). Antes e depois desses, o poeta e artista publicou outros livros e realizou leituras a partir de apropriações de conteúdos diferentes, as quais valem uma observação crítica específica.

106 Danto, 2010, p. 197.

107 Goldsmith, 2014, não paginado. Tradução minha.

Uma das questões que me parecem profundamente perturbadoras no trabalho de Goldsmith é a relação entre texto, estilo e subjetividade. Na literatura tradicional, o texto de cada autor é comumente identificado com seu estilo. E todo estilo, costumamos pensar, advém de certas percepções do autor, que fazem parte da sua subjetividade, do modo como ele enxerga e sente a escrita. Tendemos a pensar que o autor, quase sempre, expressa um pouco de si mesmo no seu texto – que alguém se torna escritor quando encontra a voz com a qual deve falar e o tema que considera seu, o tema que ele nasceu para explorar. No caso dos trabalhos de Goldsmith, não podemos dizer que certa frase de um livro contém o seu estilo, a sua dicção. Ele não tem uma dicção textual que permeie seus livros. Sua escritura apaga o eu do autor. O texto não o traduz, não o reflete nem é um tecido de citações. O gesto, sim. O gesto deslocador, o gesto de transcrição, o gesto de corte e edição. Um estilo de gesto.

Para Sol LeWitt, trabalhar com um plano preestabelecido é uma maneira de evitar a subjetividade... quanto menos decisões forem tomadas enquanto a obra é feita, melhor.[108] O artista, aqui, é um propositor. E, caso seja ele quem produz materialmente a obra, o artista é um seguidor de instruções, um autômato que executa as ações de acordo com as orientações que ele mesmo criou. Cria-se uma máquina que gera o texto por si mesmo – máquina que tem o escritor como meio. Essa máquina é o procedimento escolhido pelo autor. E assim se fundem, autor e máquina, um veículo para que a regra e o método estabelecidos venham à tona.

Na escrita conceitual, a ausência de criatividade – a não interferência criativa no texto, no sentido de escrever novas palavras – apaga esse ego. O escritor se transforma num gerenciador de informação, um processador de texto, um banco de dados em permanente arquivamento e catalogamento da linguagem como detrito: a fala cotidiana, a repetição mecânica, a linguagem da mídia e da propaganda, enfim a linguagem mais preocupada com seleção dentro da quantidade do que com esmero para a qualidade. Em ensaios, Ken-

---

108 LeWitt, 1967, não paginado.

neth Goldsmith diz-se inspirado por Andy Warhol. Para ele, Warhol gerou uma produção insensata de pinturas mecânicas e filmes não assistíveis nos quais literalmente nada acontece. Ele inventou novos gêneros de literatura: *a: a novel* era uma mera transcrição de dúzias de fitas cassete, sem cortar nenhum erro de pronúncia, tropeço ou gagueira enquanto era realizada a digitação. Seus *Diários*, um tomo enorme, eram falados pelo telefone para uma assistente que transcrevia... Nos termos de Marjorie Perloff, Andy Warhol era um "gênio não original".[109]

Warhol buscava uma espécie de ausência de comoção em suas obras. Diferentemente de Duchamp, as escolhas do estadunidense partem de imagens que geram sensações, como retratos de Marilyn Monroe ou cenas de desastres de trânsito, mas a repetição dessas imagens justamente trabalha no sentido da dessensibilização. A multiplicação delas nos joga numa certa anestesia emocional, derivada de uma zona de conforto da sociedade do espetáculo, e por isso as imagens e materiais não trazem nenhum perigo – a não ser para o sistema de arte –, exatamente por estarem tão visíveis e esgotadas. De forma semelhante a Duchamp, suas obras *ready-made* não pedem contemplação. Em vez de convidar alguém a mergulhar nelas em deleite e concentração atenta aos detalhes – como fazem as pinturas com colagens de Picasso –, as latas de sopa Campbell's ou as fotos retrabalhadas de Marylin Monroe apontam para fora, para o contexto, para o que cerca o espectador, ou seja, a cultura, e especificamente a cultura de massas. Assim como Duchamp, em vez de chamar os sentidos do espectador para dentro da obra, aponta para fora ao questionar critérios de museus e do próprio sistema da arte. São obras chapadas, sem profundidade emotiva. A expressão, em Warhol, parece vir, assim como em Goldsmith, pelo apagamento do ego. Warhol se apaga ou se funde com a sociedade do espetáculo e do consumo.

Num ensaio intitulado "Paragraphs on Conceptual Writing", Goldsmith diz que na escrita conceitual, a ideia ou o conceito é o aspecto mais importante da obra. Quando o autor usa uma forma

---

109 Goldsmith, 2011, p. 144. Tradução minha.

conceitual de escrita, significa que todo o planejamento e as decisões são realizados de antemão, e a execução é um assunto perfunctório. A ideia torna-se uma máquina que faz o texto.[110] Aqui, Goldsmith se apropria do ensaio "Paragraphs on Conceptual Art", de Sol LeWitt, publicado em 1967, só que Goldsmith troca as palavras "artista" e "arte", do texto original, por "autor" e "texto" ou "escrita".

É curioso notar que, nesse texto, Goldsmith se permite maior liberdade do que em suas obras artístico-literárias, já que nelas ele não altera ou substitui palavras. Desse modo, ele estabelece uma diferenciação entre suas obras artísticas e seus ensaios ou artigos. Cada um com seus objetivos. Só que, como suas obras são obras textuais, Goldsmith utiliza-se do mesmo meio (a palavra) para realizar o seu trabalho artístico e para veicular pensamento. Isso não acontece, por exemplo, com um pintor. Para pintar, ele usa tintas. Quando escreve um artigo, por exemplo, um pintor está usando outro meio, e não o mesmo do seu trabalho artístico. Essa é uma situação única no campo da literatura. Ao contrário das artes visuais ou da música, a arquitetura ou dança, a fotografia ou vídeo – formas de arte que recorrem ao verbal para expressar a "ideia ou conceito" em questão –, a literatura é, por definição, quase sempre constituída de linguagem: de fato, ela é linguagem, sem dúvida desfamiliarizada e reconstruída, mas linguagem que usamos ainda assim.[111]

Na escrita conceitual, diferentemente da arte conceitual, na qual se reúnem mídias diversas (por exemplo, palavra e objeto ou palavra e ausência de objeto), a questão é relacionar o germe conceitual declarado ("este livro reproduz todos os informes de trânsito sobre um local emitidos pela rádio X durante o final de semana Y"), geralmente apresentado no formato texto ao material (o livro, no caso de *Day*, ou de *The Weather* ou *Sports*...), que também é constituído de texto – lembrando que a escrita conceitual não é feita necessariamente por meio de apropriação. Ela pode ser um experimento poético "criativo" como em *Eunoia*, já mencionado aqui,

---

110 Goldsmith, 2005, p. 172. Tradução minha.
111 Perloff, 2013, p. 246.

realizado pelo poeta Christian Bök sob inspiração do Oulipo francês. Trata-se de um livro dividido em cinco capítulos, cada um dedicado às vogais "a", "e", "i", "o", "u". O primeiro, intitulado "Chapter A", contém palavras que possuem, dentre as vogais, apenas a letra "a": "Awkward grammar appals a craftsman. A Dada bard as daft as Tzara damns stagnant art and scrawls an alpha (a slapdash arc and backward zag) that mars all stanzas and jams all balladas (what a scandal)" – assim começa o livro. O segundo capítulo, "Chapter E", por sua vez, contém palavras com nenhuma outra vogal além de "e": "Enfettered, these sentences repress free speech. The text deletes selected letters. We see the revered exegete rejected metre verse: the sestet, the tercet – even *les scènes élevées en grec*." E assim por diante.

Como Goldsmith é um poeta da palavra e um professor que teoriza sobre o que faz, em certos momentos há incoerências primárias – que, obviamente, se tornam blagues, como o primeiro parágrafo de *Uncreative Writing*, em que ele escreve: O mundo está repleto de textos, mais ou menos interessantes; eu não desejo adicionar mais nenhum.[112] Ora, como pode que isso seja dito se o nosso contato com esse dizer se dá exatamente por meio de um novo texto que foi adicionado no mundo? É claro que aqui Goldsmith está comentando a abordagem artística dele, e não se referindo à sua abordagem ensaística-teórica-acadêmica – em que ele se permite manifestar-se como "gênio original". (Ao fazer isso, Goldsmith admite uma secção entre o que propõe como artista/poeta e o que propõe como ensaísta/teórico. Sua prerrogativa de trabalhar somente com apropriações e transcrições e não criações é uma assinatura artística, e não, digamos assim, o signo de uma visão de mundo de uma pessoa na qual o artista, o pensador e o homem estão integrados. Essa separação está coadunada com a proposta dele, já que, artisticamente, a obra de Goldsmith se desvincula de uma associação direta entre a arte e a subjetividade do autor.)

Em 1968, Lawrence Weiner realizou a exposição *Statemets*. Nela, o artista apresentou duas dúzias de frases descritivas, como

---

112 Goldsmith, 2011, p. 1. Tradução minha.

"dois minutos de tinta spray de uma lata padrão de aerossol direto no chão". Uma frase como essa trabalha com a noção de que a ação/trabalho já existe, como se esse texto não passasse de uma informação do que a obra se constitui. No entanto, a obra é o texto. Ou melhor, a obra é a ideia que aquele texto suscita, sem que haja obra material de fato. Assim, a obra de arte conceitual é a ideia. Não há objeto para além disso.

No mesmo ano, Weiner formula sua *"Declaration of Intent"* em três princípios: O artista pode construir a obra; a obra pode ser fabricada; a obra não necessita ser montada.[113] Ao usar o "pode" e o "não necessita", Weiner descarta qualquer obrigação de existência física da obra. No entanto, ela "pode" existir fisicamente. Como também "pode" não existir. O trabalho de arte fica separado da sua apresentação material. Ele pode se realizar como abstração. Como ideia. A obra de arte conceitual ganha um texto que suscita a ideia, que é a obra. Portanto, nada de obra material para além das palavras. A desmaterialização do objeto de arte é pago com a materialização da linguagem.

O florescimento da arte conceitual, nos anos 1960, vem acompanhado da eclosão de teorias sobre a morte do autor. Como já dissemos, para Barthes, o nascimento do leitor deve pagar-se com a morte do autor. Os dois movimentos, tanto da arte conceitual quanto da teoria literária, caminham na mesma direção: a abertura para as múltiplas interpretações, a recusa de um significado dado, a desvalorização da obra fechada ou do ponto de vista único sobre uma obra. As duas áreas jogam luz sobre a recepção – o espectador/leitor –, e mais, sobre a recepção como criação. Talvez tenhamos aí um ponto de contato, uma interseção de rumos, a qual, anos depois, nos levaria à situação atual em que artes e literatura se contaminam incessantemente.

Retomemos o nosso ponto anterior: a obra de arte se desmaterializa, não há objeto, e o que há é um texto, uma frase, um estímulo textual que suscita uma ideia, e isso é a obra de arte conceitual. Já na

---

113 Weiner, 2008, não paginado.

escrita conceitual, o trabalho tem um texto a suscitar a ideia, a premissa, a intenção (por exemplo, "neste livro estão todos os boletins meteorológicos emitidos por uma rádio durante um fim de semana inteiro"), e a obra é, assim como a premissa, texto. Mas esse é um texto não convencional, um texto não escrito com a finalidade de engajar alguém em sua leitura. É um texto que pode cumprir certo efeito como ideia. Pensá-lo é efetuar o engajamento que a obra de arte estimula. Lê-lo já não é necessário, pois o texto está lá mais como ideia do que como leitura. No entanto, ele pode ser lido. Pode. Assim, é possível dizer que a escrita conceitual quase equipara o texto à ideia. Não digo que equipara totalmente porque há o objeto – o trabalho em si: *Day*, *The Weather* etc. – que atua como uma prova de que aquela ideia foi realizada, já que, para a escrita conceitual, diferentemente da arte conceitual, a materialização é importante. Por haver uma matéria – um livro com texto dentro dele –, ela pode ser lida, claro, e assim o trabalho artístico-literário vai além da ideia. O importante aqui é o "pode", que ressalta a não obrigatoriedade. Se houvesse como recorrer a alguma percentagem, poderíamos dizer que há uma percentagem do efeito da obra de escrita conceitual que se efetua por meio da leitura ou, pelo menos, o início do processo de leitura, para além da ação de somente pensá-la – mesmo que ela esteja mais interessada em ser pensada do que lida. Por isso, de fato, a denominação literatura conceitual. Ao que tudo indica, parece ser essa uma nova categoria de expressão artística.

FLUTUAÇÃO

Em "O autor como produtor", Walter Benjamin pensa a função do intelectual, do escritor e da obra de arte dentro do contexto social e político de determinada época. Benjamin levanta duas questões interessantes para, em breve, cessarmos nossa escrita e seguirmos em flutuação no debate em torno do lugar da apropriação na literatura no século XXI. Benjamin pergunta: Qual a posição de determinada obra em relação aos modos de produção da época? E em seguida: Qual a posição dessa obra (literária) no interior das relações de produção literária da época?

Vejo as obras debatidas aqui e a importância que elas mesmas conferem aos procedimentos que as geram como sintomas da nossa época e, ao mesmo tempo, respostas a ela. As obras produzem nosso tempo como também são produzidas por ele – o fato de existirem demonstra como a literatura e o texto artístico participam, se inserem e apresentam novas facetas de uma cultura remix e apropriacionista que faz parte do tecido do nosso *Zeitgeist*. A apropriação, a montagem e o deslocamento são procedimentos em consonância com o espírito da época. Se o escritor ou artista é a voz do seu tempo, o escritor ou artista do nosso tempo cultiva uma relação intensa com a não criatividade, a reciclagem, a reformulação, a pós-produção. E o campo textual das práticas de apropriação, dentro do contexto da produção cultural contemporânea, é indissociável daquilo que orienta a percepção e a subjetividade no século XXI, a tecnologia e os seus desdobramentos, tanto físicos quanto virtuais, como o excesso de informação e uma nova temporalidade hiperveloz. Tal temporalidade se coaduna não com a supressão do tempo de criação – pois recriar demanda tempo – mas com a redução ou supressão da angústia que tendemos a ligar ao processo criativo. Pois ao recriar não se enfrenta a página em branco e sim um manancial de dados a operar (por isso, mas não só por isso – como demonstrei anteriormente –, hoje falamos em êxtase da influência, e não em *angústia*). Por meio da apropriação, aquele momento, que para muitos é custoso emocionalmente, de colocar as primeiras palavras em um texto, e que facilmente nos leva a perguntar "o que de fato eu tenho a dizer?", é evitado. As palavras estão garantidas, elas estão lá, elas estarão lá, e no encontro com essas, impressas em um livro ou registradas em uma gravação, é que diremos algo, mesmo que não queiramos, depois de decidirmos o que exatamente faremos com elas, qual será nosso objetivo e procedimento escolhidos. Então, no fundo, é uma mudança na angústia: supera-se as perguntas em torno do que eu tenho a dizer e, consequentemente, o que faz de mim eu mesmo; e, no lugar, entra a angústia da seleção da curadoria, a ideia de que preciso encontrar, entre tanta oferta, algo que me seja útil ou que corresponda às minhas necessidades. É uma mudança subjetiva significante.

Quando se propõe que a literatura acompanhe o contexto tecnológico contemporâneo, pode haver no esteio da proposta um movimento de adesão não só a modos incomuns de praticar literatura, o que nos parece ser bem-vindo, como também, em desdobramento, uma espécie de sincronização com padrões de experiência, o que pode ou não ser bem-vindo. Escrever livros, romances, contos, poemas e outros textos que demandam leitura, na nossa época, parece-me um ato de resistência, pois vivemos uma crise da atenção. Essa crise da atenção (que não é nenhuma doença natural e sim uma experiência de percepção construída, como sempre foram todas as experiências de percepção) dialoga com filmes como *Hell's Club*, *The Clock* e *Um dia na vida*. Eles parecem representar a maneira como vemos e pensamos o que vemos hoje de forma muito mais certeira do que filmes "tradicionais". Por isso, podemos dizer que fazer obras a partir de um procedimento remix, um procedimento de *mash-up* e outras apropriações, é uma espécie de adesão às características do tempo contemporâneo (o qual é marcado, claro, pelas especificidades das suas relações de produção). Escrever sem escrever, remixando, copiando e colando, apropriando-se, recriando, hoje, parece muito mais natural do que escrever criando. Assim, de certo ângulo, o gesto da apropriação leva a escrita para um lugar de adesão, e não para um lugar de resistência. Certamente, num contexto cultural em que diversos campos artísticos trabalham a partir das premissas da apropriação, o movimento da escrita se encaminhar na mesma direção é um gesto de adesão. Adesão participativa, que atualiza a nossa relação com a leitura e a escrita. Talvez, uma forma de adesão que, por meio de uma transformação no seu uso, faz a escrita resistir. Certamente um gesto de diálogo com outras artes e tecnologias, o qual, como vimos, pode manter a sua necessidade de leitura ou não.

Nos tempos correntes, a leitura, principalmente aquela que não é direcionada para crescimento profissional, parece uma atividade cada vez mais estranha ao padrão de vida consumista, imagético, ansioso e, estranhamente, ao mesmo tempo hedonista e viciado em trabalho do mundo contemporâneo ocidental. Estamos tão esgotados que, após um dia de trabalho, só queremos não ter de pensar em nada, não fazer esforço mental algum. E mesmo quem trabalha majoritariamente com leitura já tem, na sua cabeceira, dez, quinze, vinte livros ou artigos que *precisa* ler, por necessidades mais ou menos ligadas ao trabalho. Dada essa situação, se alguém nos oferece um texto mas logo diz que não precisamos lê-lo, imediatamente achamos interessante, afinal, o mundo está cheio de gente dizendo que *precisamos* ler isso, ler aquilo e mais aquilo outro. Então, de certa maneira, do ponto de vista do leitor, a pessoa que nos oferece um livro mas diz que não precisamos lê-lo parece compreender a nossa estafa mental.

Estou falando da escrita conceitual pura, de como ela, em relação ao modo como trabalha o texto, joga com essa estafa mental e também com a preguiça de ler. Porque para ela o texto é massa, é quantidade, é volume, ainda que possa ser lido. Já do ponto de vista do autor, imagino que deva ser um alívio, tendo decidido o procedimento a ser utilizado, adentrar seu horário ou tempo de produção do trabalho literário/artístico com a noção precisa e exata do que será feito e a certeza indubitável de que, ao final daquele tempo, o trabalho terá avançado. A automaticidade do processo, ainda que traga algumas dúvidas, como apontamos anteriormente, elimina boa parte delas. O texto avança, e pode culminar num projeto interessante (ou não). Mas não há dúvidas sobre o texto estar bem ou mal escrito. Será que podemos pensar a proposta do texto como massa, quantidade e volume como intrinsecamente relacionada a uma tendência de perda de status do código alfabético como código para ser lido? Texto como dado, linguagem como matéria. Peso e visualidade do texto como as características que, dele, mais importam, sem propor que o texto atue como produtor de sentido e afeto por meio da leitura integral de suas partes. É isso uma amostra de que o texto está perdendo sua função como conteúdo, e que só nos resta produzir imagens, códigos e objetos? Sim, mas a arte não é feita para indicar os rumos que a sociedade deveria ou não deveria tomar. E como demonstramos aqui, a literatura conceitual até pode ser lida, e essa leitura agrega sentido à obra, que assim pode deixar de ser apenas massa e objeto.

O que não deixa dúvida, porém, é que quanto menos conceitual uma obra é, mais ela *deve* ser lida, e quanto mais conceitual ela é, mais ela *pode* ser lida. É esse *pode*, que, como foi dito, sugere uma desnecessidade da leitura. Se nossa capacidade de atenção concentrada tem diminuído por uma série de características do tempo, produzem-se então textos que não precisam ser lidos, textos que não exigem atenção. Obras assim escancaram, pois de certa forma exageram e trazem para primeiro plano, essa característica do nosso tempo, de perda de valor e de espaço da leitura.

Outro marco das relações de produção da época é a reação à virtualidade: livros bem cuidados artesanalmente, o retorno dos processos manuais, a demanda por encontros, palestras, trocas e dinâmicas, as oficinas literárias, grupos de estudo, a volta dos LPs e vitrolas, a emergência da arte da performance, clubes de leitura presenciais etc. A literatura por apropriação se articula tanto como fruto da virtualidade como neste âmbito de reação a ela: há obras viabilizadas pela tecnologia, como as googlagens de Angélica Freitas, e obras que reagem à virtualidade ao explorar as possibilidades sensíveis do tátil e do visível, como o *Tree of Codes* de Jonathan Safran Foer.

A literatura por apropriação segue a tendência contemporânea de deslizamento entre suportes; de produção colaborativa (mesmo que seja um autor gerindo outros autores ou suas produções); de mobilidade intensa dos textos entre diferentes meios, como celulares, livros, e-mails, vídeos; do forte impulso do registro e arquivamento; de quebra da hierarquia entre diferentes registros, nivelamento, ausência de possíveis superioridades artísticas de um meio ou de um nome sobre o outro. Esse estado de coisas está imbricado na prática do *mash-up*, da colagem e do desvio, que resulta num ambiente cultural estimulante e propício à ação de produzir obras artísticas por meio de apropriação.

Assim, após essas considerações, podemos dizer que a escrita não criativa, de resultados conceituais puros ou não, está numa posição de afinidade com o contemporâneo, pareada com as relações de produção da nossa época. Época essa em que quem assina um artefato, um produto ou até um serviço não é o responsável pela sua criação na origem e nem mesmo tem a sua posse (a economia contemporânea, se vista sob o prisma de empresas como Google, Uber e AirBnB, por exemplo, se baseia numa espécie de "curadoria comercial" – afinal, tais empresas não produzem nem possuem aquilo que oferecem, elas aplicam suas assinaturas sustentadas pelos critérios que adotam. Atuam como centrais organizacionais de dados, sejam esses dados informações, carros e motoristas ou apartamentos. Não são produtoras nem proprietárias. São reformuladoras das maneiras de acesso). Entretanto, o fato de a escrita não criativa estar pareada com todo esse contexto não significa, necessária e imediatamente, como já apontado, uma adesão acrítica. Como dizem Vanessa Place e Robert Fitterman, a escrita conceitual não intenciona criticar a indústria cultural de longe, mas espelhá-la diretamente. Para fazer isso, ela usa a matéria da indústria cultural diretamente.[114] O mesmo podemos dizer para a escrita não criativa como um todo, trocando, nos casos de obras que não são conceituais puras, "espelhá-la diretamente" por "reutilizá-la numa nova construção".

Se a escrita não criativa busca justamente que a arte do texto participe do ambiente contemporâneo de deslizamentos, tecnologia e instabilidades de autorias, isso a coloca numa posição ajustada dentro das relações contemporâneas de produção da época. O ajustamento pode conter menor ou maior grau de crítica ao seu próprio ambiente, a depender de como é realizada a construção ou o espelhamento. Podemos ler o espelhamento praticado em *Sports* como uma crítica ao conceito de propriedade, embutida no trecho relativo à proteção de direitos autorais, já no início do livro, e também como uma crítica

---

114 Place & Fitterman, 2010, p. 20.

à publicidade ou obsessão comercial, dada a quantidade de vezes em que a narração do jogo é interrompida para que algum produto seja anunciado. Podemos lê-lo também como uma crítica à vida contemporânea ausente de grandes narrativas e sempre mediada, só nos restando acompanhar o esporte, o trânsito e as mudanças de temperatura e clima ou, ainda, as notícias de jornal de um dia sem qualquer brilho especial. Certamente, no entanto, é mais fácil perceber o coeficiente crítico que há, por exemplo, nas googlagens de Angélica Freitas. A poeta se afina com os procedimentos estimulados pelos mecanismos de pesquisa digital, porém o faz justamente para expor com fins de crítica e ironia determinados discursos veiculados nesse ambiente.

Agora pensemos a escrita não criativa dentro das relações de produção literária da nossa época – com isso teremos em mente a segunda pergunta de Benjamin. A produção literária contemporânea pode ser caracterizada pela sua imensa diversidade. Não há, hoje, uma corrente ou movimento literário único, mas tendências e dicções atuantes: a autoficção; a poesia em verso livre; a prosa em verso buscando certa velocidade da poesia; o uso de referências a lugares, datas ou artistas, que funcionam como piscadelas para o leitor; referências só encontráveis por meio de buscas no Google; a mistura de diversos registros dentro de uma obra; a novela que tenta se passar por romance; o romance policial que luta contra si mesmo com a intenção de não ser mero entretenimento; a revisão do passado ditatorial; o desencanto com a cidade grande; a poesia que se aproxima do ensaio; a emergência de vozes não hegemônicas ou periféricas; a linguagem de roteiro de audiovisual usada como linguagem de romance; o retorno do romanção. Uma coisa há em comum: o cenário geral da literatura que se vê editada, divulgada, comercializada em grande escala e exibida em livrarias é dos textos escritos por meio dos dedos de seus autores – muitos deles, cada vez mais, trabalhados ou rascunhados em oficinas de escrita criativa ou tendo passado por leituras críticas de autores e professores de escrita criativa. Face a isso, a escrita não criativa insere uma diferença. Ela busca se contrapor ao "excesso de escrita criativa". É menos a escrita de versos ou frases com estilo único, cujo objetivo primeiro seja engajar o leitor, apresentar um primeiro capítulo que nos envolva, uma trama surpreendente ou a busca de uma voz ou a expressão do eu subjetivo, e mais táticas de leitura e percepção de contexto. Deslocamentos de leitura, alterações no texto lido, e não invenção de escrita. Essa é uma diferença no *modus operandi* da produção literária vigente da época.

É interessante examinarmos como algumas das obras de escrita não criativa foram publicadas – assim poderemos entendê-las melhor em relação ao contexto literário e de produção da época. *Delírio de damasco* foi editado pela Cultura e Barbárie, editora de Florianópolis que publica tiragens menores e de menor distribuição que as editoras que publicaram outros livros de Verônica Stigger. *Delírio de damasco* é o único livro de Stigger publicado pela Cultura e Barbárie, o que demonstra como é uma obra com sua especificidade dentro da produção da autora, cujos livros menos inclassificáveis, se é que podemos dizer assim, com frequência são indicados a grandes prêmios – e às vezes os levam. No momento em que finalizo este texto, *Delírio de damasco* está esgotado, e quando estava disponível o livro só poderia ser comprado através do site da própria editora. Seu formato de 14 cm de comprimento por 9 cm de altura é raro para livros de alta tiragem, assim como o seu acabamento, com costura feita à mão. Todas essas características lhe conferem um ar de obra à margem.

O livro *Sessão*, de Roy David Frankel, teve tiragem inicial abaixo de quinhentos exemplares, igualmente já esgotados. Numa atitude absolutamente anticomercial, com menos de um ano de intervalo do lançamento do livro, a editora Luna Parque e o autor entraram em acordo para liberarem gratuitamente o arquivo PDF do livro online. No instante em que escrevo, qualquer pessoa pode baixar o arquivo digital do livro por meio do site da editora. Antes de ser tomada essa decisão, a maneira mais fácil de comprar o livro também era pelo site da editora ou em feiras de editoras independentes às quais a Luna Parque comparece com sua banquinha organizada e montada pelos próprios editores (o mesmo caso para *Trânsito*, versão dublada de *Traffic*, de Goldsmith, publicado pela Luna Parque).

Os "3 poemas com auxílio do Google" não são um livro, mas parte de um livro. Isso nos impede de pensá-lo dentro das relações de produção editorial, da mesma forma que os outros trabalhos. Um livro feito do início ao fim de poemas com auxílio do Google certamente representaria, do ponto de vista editorial, um risco mais alto do que um livro em que eles são apenas uma parte. Seria um outro projeto, claro. Só podemos imaginar se uma editora como a finada Cosac Naify publicaria ou não um trabalho como esse que imaginamos. Vale dizer que Angélica Freitas realizou outras googlagens ao longo de sua trajetória como poeta, só que *Um útero é do tamanho de um punho* é um livro com unidade temática, então Freitas só poderia fazer uso das googlagens as quais, assim, como os outros textos publicados, discutissem poeticamente o lugar da mulher no mundo. Hoje o livro é um clássico contemporâneo, reeditado pela Companhia das Letras, mas quando foi lançado, em 2012, ninguém esperava algo com tamanha pungência, economia e aliança entre humor e dor, inteiramente centrado no tema do lugar da mulher no contemporâneo. O fato de Freitas ter feito poesia com esse tema usando discursos da internet só aumenta o seu caráter de anunciador dos novos tempos, visto o papel central que pouco depois conferimos ao ambiente digital e às redes sociais nos debates políticos, e quanta bobagem tivemos que ler e ouvir por assim o fazermos.

Quanto à minha série de textos *mash-up*, ou bricolagem, até o momento ela se manifestou de duas formas. Primeiro, a partir do início de 2010, como postagens num blog. Um blog é um espaço online que alguém abre porque pensa que outras pessoas deveriam conhecer aquilo que ela tem a publicar. Ou seja: é uma decisão pessoal e uma execução pessoal. Não passa por crivo de editor, agente, financiador, nada. Não tem ISBN, não pode ser comprado, não tem divulgação oficial ou assessoria de imprensa. A segunda manifestação do trabalho, alguns anos depois, é como colagens físicas – há uma imagem neste livro – que foram exibidas poucas vezes em algumas exposições coletivas em centros culturais do Rio de Janeiro e São Paulo.

Pensemos agora nos trabalhos em língua inglesa. O projeto de *Tree of Codes* foi recusado por uma série de gráficas. A dupla de editoras que criou a Visual Editions, baseada em Londres, só ouvia que se tratava de um livro simplesmente impossível de ser feito. Até que encontraram a Die Keurer, uma gráfica na Bélgica especializada em livros de arte e catálogos de artistas e exposições. A Visual Editions teve início no final da primeira década do século XXI, confeccionando três ou quatro livros por ano. Isso porque cada livro da editora tinha especificidades materiais e visuais muito delicadas, que exigiam meses de dedicação e trabalho. Hoje, a editora opera intensamente no ambiente digital, e os livros físicos de extrema sofisticação ficaram um pouco para trás. Desnecessário dizer que, mesmo com sua pegada, algo experimental dentro do universo da prosa quando escreve de mão própria, Jonathan Safran Foer provavelmente não conseguiria publicar *Tree of Codes* por qualquer uma das editoras que publicaram seus livros anteriores. A diferença instalada por *Tree of Codes* teve efeito surpreendente. Seu belíssimo tratamento gráfico e material contou com excelente publicidade digital. A editora desenvolveu uma ação forte em suas redes sociais ao publicar vídeos da produção do livro e de primeiros leitores reagindo ao livro. Aliado a isso, claro, o fato de o nome de autor "Jonathan Safran Foer" carregar, até então, um ótimo selo de qualidade como escritor. É bem provável, no entanto, que a maioria dos compradores não tenha lido o texto integral de *Tree of Codes*. A beleza e a engenhosidade reveladas na materialidade do livro já produzem efeito impressionante. Até hoje, *Tree of Codes* vendeu mais de trinta mil exemplares (o que é muito menos do que qualquer outro livro do autor). No momento em que escrevo, está esgotado no site da editora.

Nets, o livro de Jen Bervin, saiu pela Ugly Ducking Press, um coletivo editorial baseado no Brooklyn, em Nova York, que se designa como não lucrativo. O corpo editorial é composto de membros voluntários, as publicações giram em torno de poesia, autores estrangeiros, textos performativos e experimentais, e contam geralmente com acabamento artesanal. A UDP funciona com um sistema de assinaturas por parte dos leitores, que acabam por financiar alguma parcela dos livros, e, assim como acontece com a Luna Parque, há uma área no seu site onde o visitante pode baixar gratuitamente arquivos PDF das publicações, esgotadas ou não, da editora.

Quanto aos livros de Kenneth Goldsmith, tanto os da *Trilogia americana* como *Day* – esgotado no momento –, foram publicados por pequenas casas editoriais estadunidenses de poesia: Make Now Press e The Figures, ambas com baixa presença online. O mesmo vale para outros autores que praticam a escrita conceitual, como Vanessa Place, que publicou, entre outros, *Dies: a sentence*, pela Les Figues Press – também uma pequena casa não lucrativa –, e *Boycott* pela UDP (no qual Place faz uso de textos feministas icônicos e retira deles qualquer referência a mulheres e ao que seria exclusivamente feminino) ou Robert Fitterman, que publicou seus trabalhos mais recentes também pela UDP – *No, wait. Yep. Still definitely hate myself* (a partir de coleta de frases depressivas na internet) – e pela Wonder – *Nevermind* (reordenamento poético de letras do álbum homônimo do Nirvana) –, ambos com baixa distribuição; ou Carlos Soto-Román, que publicou *Alternative set of procedures* pela Corollary Press, uma editora artesanal independente do tipo *one-woman-band*, que atualmente está encerrada, e *11*, em autopublicação no Chile, ambos trabalhos que lidam com a violência e o apagamento de memória a partir de documentos militares, que revelam e escondem procedimentos de tortura e outros crimes e truculências praticados durante a ditadura de Pinochet.

Esse breve panorama das iniciativas editoriais por meio das quais as obras em questão se tornam públicas demonstra como esses textos representam uma diferença no circuito onde se instalam. Essas características, aliadas a outros efeitos já debatidos, como a quebra da ideia de autor-criador, gênio individual, originalidade – e, principalmente na escrita conceitual, a quebra com os padrões clássicos de avaliação de qualidade de um texto –, além da discussão que a prática estabelece em torno de propriedade intelectual e direitos autorais (ao colocar em dúvida o que pode ou não ser considerado escrever e ser um criador), permitem-nos dizer que, no interior das relações de produção literária da nossa época, a posição das práticas e obras pensadas aqui é de risco e exceção.

Obviamente, a apropriação é tão mais interessante quanto maior for a habilidade do autor-curador. Não é apenas o fato de um trabalho ser feito por meio de apropriação que o torna interessante, mas a maneira como se maneja a linguagem apropriada, como se trata o texto, de que forma o leitor/pensador é engajado nas questões apresentadas e quais questões são essas disparadas pelo trabalho realizado. A apropriação não conceitual – ou conceitualmente impura, já que exige ser lida, como dizem Place e Fitterman – é uma maneira orgânica de lidar com a coletividade de registros textuais ou orais e produzir sentido a partir do outro com mais intenção de contato do que intenção de choque. Os "3 poemas com auxílio do Google". *Delírio de damasco. MixLit. Nets. Tree of Codes. Ensaio sobre os mestres. Hell's Club*, em audiovisual. No entanto, mesmo a escrita conceitual pura, pouco interessada no engajamento de leitores, ao trabalhar com um pré-texto, ou seja, a declaração do autor em torno do que o motivou a fazer sua obra ou quais foram as restrições que orientaram aquele trabalho, tenta estabelecer uma relação que viabilize a compreensão, e opera com critérios que podem ser considerados de menor ou maior interesse, de menor ou maior relevância, e isso depende de habilidade, método, perspicácia, propósito aplicados na realização.

O exemplo do DJ mostra com clareza que a seleção não é um fim em si mesmo. A essência da arte do DJ é a habilidade para misturar elementos selecionados de maneira encantadora e sofisticada. Diferentemente do que sugere o "cortar e colar" das interfaces computacionais, que criam a ideia de que os elementos selecionados podem se combinar de uma forma simples, quase mecânica,[115] afirma Lev Manovich.

O combinar que produz interesse nunca é simples, nunca é mecânico. Já o não combinar, como o deslocamento de inteiros, sim, pode ser mecânico, pois aí a astúcia e a sofisticação estão mais na qualidade da ideia que gerou o gesto do que na própria labuta diária no embate com o texto. Em comum entre as duas táticas, o maior legado conceitual do dadaísmo: a noção de que consumir é produzir. Por meio do uso de botões e bilhetes, papéis de jornal, objetos de uso cotidiano, as vanguardas usaram da vida rasteira e seus produtos de consumo para fazer arte: quando estamos consumindo, também estamos criando. Essa noção permanece na escrita não criativa.

---

115 Manovich, 2001, p. 129. Tradução minha.

Por trás da seleção de certos conteúdos, sua disposição, transfiguração e edição, há uma atmosfera indicando que cada um de nós é identificado com sua estratégia pessoal de consumo de signos. Somos o que consumimos e a maneira como consumimos o que consumimos. Ler é escrever. Dessa forma, todo material já produzido, todo o museu do imaginário humano, passa a ser dado disponível para utilização futura. Não há nada que seja superior ou inferior por si: esse julgamento dependerá apenas do uso que se faz de cada coisa. O trajeto de cada um pode oferecer uma perspectiva poética do modo como uma pessoa se situa diante da massa de textos e outros elementos produzidos e disponibilizados no contemporâneo.

Espero ter tornado claro que a produção desse trajeto e o manejo de cada um, materializado em algo por meio do qual podemos observar ou pensar exatamente o trajeto e o manejo, geram uma função-autor, que é a do autor-curador (a qual pode ser pensada também como autor-montador, copiador, transcritor, colagista). As restrições que se impõem não fazem com que o processo de apropriação deixe de ser orientado por uma visão pessoal, a qual se manifesta na obra produzida. Seja um processo mais ou menos mecânico, a subjetividade sempre estará lá – em maior ou menor grau, o que faz grande diferença, obviamente. Para Marjorie Perloff, é importante lembrar que o texto citacional ou apropriativo, por mais que falte originalidade em suas palavras e expressões, de fato é sempre o produto de escolhas.[116] Escolhas de um leitor que faz das suas leituras a sua não escrita. Ao fixar uma forma, como uma colagem ou um livro por meio de apropriação, o leitor apresenta uma obra que contém o seu modo de fazer de autor. O leitor passa a exercer uma função-autor específica, por meio da curadoria de linguagem.

Vale observar que, com a expansão dos modelos de autoria e modulações da função-autor, é fácil se contagiar pela promessa de que a escrita não criativa é para todos. Ela é tão para todos quanto a escrita tradicional é para todos. Afinal, para esta, basta saber ler e escrever. Entretanto, se poderia argumentar que a escrita não cria-

---

116 Perloff, 2013, p. 276.

tiva é mais democrática, já que para exercê-la não é preciso nem saber escrever literatura, apenas apertar as teclas do computador para copiar e colar, transcrever, anotar ou manejar tesoura e cola. É justamente por isso que obras de destaque, que contribuam para a prática, a arte e a discussão, que sejam executadas de maneira graciosa, radical, potente ou contundente, não são fáceis de fazer. O que é fácil é se apropriar de qualquer coisa e não produzir nada de interessante com isso. As decisões em torno de qual conteúdo selecionar, como e por que apresentá-lo, e quais diálogos serão estabelecidos com isso fazem toda a diferença. Kenneth Goldsmith gosta de dizer que não se trata mais do conteúdo, mas do contexto em que o inserimos. Eu diria: nem tanto lá, nem tanto cá. *On the Road* no Twitter altera o contexto, mas qual o interesse de haver *On the Road* legível no Twitter? O que isso produz? Apenas a noção de que é possível fazê-lo. É pouco. Imprimir mensagens de celular em folhas de papel, operando uma passagem do virtual para o físico, é possível. Mas e daí? Não se trata de fazer algo porque é possível fazê-lo – os gestos que um tempo permite podem, justamente por serem permitidos, ou melhor, estimulados, não veicular potência alguma. Cair na mesmice. Não agregar nada. Por isso, importa que o gesto não se encerre em si num fazer por fazer. Importa que o *isso* ao qual se refere o menino que apresentei aqui ao nos inserirmos em todo esse assunto, aquele *isso* do menino de doze anos com seu amigo diante de *Mensagens* – que poderia ser um adolescente ou um adulto de qualquer idade – não indique um gesto isolado à sua própria mecânica, mas uma produção de diálogos, ressonâncias e consequências.

 O contexto contemporâneo do qual participa a escrita não criativa é um de quebra de paradigmas e aberturas institucionais a propostas não hegemônicas. Esses fenômenos desembocam num quase impasse: nunca foi tão difícil fundar critérios. Qualquer instituição, órgão, empresa, editor ou curador que trabalhe com arte, literatura e cultura contemporânea vive esse atravessamento hoje. E são exatamente os critérios escolhidos, e como um autor os opera e modula sua potência de ressonâncias e associações, que tornam a escrita não criativa mais ou menos interessante. As obras comentadas mais detidamente neste livro são algumas em que as restrições geradoras não são apenas demonstrações de que é possível realizá-los. Mas alargam, com consequências, os horizontes do possível. De nada nos serve hoje o *ready-made* – depois das vanguardas históricas – se com ele não produzirmos algo que vá além do desejo de questionamento e destruição.

Para Francisco Bosco, a relação entre autor e autoridade, ao contrário do que o radical comum convida a supor, não é de continuidade, e sim de descontinuidade e até de oposição.[117] Lembremos aqui do caráter democrático da escrita, do qual nos fala Rancière. Ao lançar-se no mundo sem um corpo o acompanhando para reclamar um sentido definitivo, o texto – ao contrário da oralidade – se presta às mais diferentes utilizações e sentidos. O fato de um texto ter um autor não torna aquele autor uma autoridade sobre a obra e suas leituras. Permanecer nesse embate entre o "autoritarismo" do autor e a "democratização da produção de sentido" pelos leitores, como se estivessem em cantos opostos num ringue, é infantilizar a potencialidade do procedimento de apropriação e de tudo o que a tecnologia hoje nos possibilita. A divisão entre aqueles que escrevem e aqueles que leem (ou entre os que ouvem e os que falam) torna-se mais frouxa, sim, por meio da apropriação. Não faz sentido, no entanto, a defesa da escrita não criativa como uma atividade que denuncia o "autoritarismo" da obra "fechada". Toda leitura, seja de obra aberta, seja de obra fechada, corrompe o escrito. Não há texto que não se abra a interpretações. Não há texto que inviabilize a participação do leitor: há graus e diferenças de modo, e há leitores mais ou menos invasores.

As obras debatidas aqui são fruto do exercício de leitores ideais, como os de Wolfgang Iser, aqueles que participam reconstruindo, reelaborando, questionando o texto e com o texto. São a materialização da fusão entre identidades e vozes distintas. O leitor que, como Barthes, para de ler, levanta a cabeça e depois retorna à leitura, tendo conferido a ela um significado próprio. São obras que "escrevem a leitura". A leitura que faz uso do original, que o

---

117 Bosco, 2013, p. 405.

transforma, o subverte e apresenta uma outra leitura: a leitura do leitor-autor. Textos-leitura, como diz Barthes, mas textos-leitura na prática, na materialidade (e poderíamos dizer, também, de alguns, textos-audição). Textos que mostram não de onde veio o autor, o que ele deseja expressar, e quem ele é, mas para onde vai a leitura.

Do ponto de vista brasileiro e latino-americano, seria infértil manter uma posição binária e professar que certa literatura tem de ser superada porque só outra é que tem valor. A América do Sul é o continente dos múltiplos tempos sobrepostos. Numa esquina, o passado. Na outra, o futuro. E nós somos uma rua circular e de mão dupla. Há mais riqueza no "e" do que no "ou". A postura do "ou" é mais compreensível num contexto em que o que se pretende superar já vem funcionando a pleno vapor há bastante tempo – ou seja, quando já há tradição consolidada. No Brasil e no contexto do português brasileiro, a formalização de cursos, oficinas e disciplinas de escrita criativa é algo recente, ainda em curso e que tende a contribuir para o fortalecimento da leitura e da produção de literatura no país, ainda mais se não ficar restrita aos ambientes acadêmicos. Portanto, não se trata de dizer que já há livros demais de literatura produzida por aquilo que passamos a chamar de escrita criativa e que ela deve ser abandonada, é claro que não – nem espero que aconteça. Trata-se de afirmar que a escrita não criativa produz uma diferença, um ruído naquilo que costumamos pensar como criatividade – e que ela tem provocado ideias e ressonâncias que muito dizem respeito ao nosso tempo, os quais nos convidam a repensar registros, linguagens e efeitos da produção de textos. Se seguirmos com essa orientação do "e" e não do "ou", o que acabamos por ganhar com a escrita não criativa são mais ferramentas que nos ajudem a pensar em nossos projetos e intenções no sentido de alargar o horizonte do possível. Com ela, multiplicamos as possibilidades para a prática literária e artística, e para o pensamento. Pois trata-se de um modo de (re)criar que opera novas modalidades de função-autor profundamente associado a uma forma de pensar, agir e reagir dentro da sociedade contemporânea. Uma lente para mirar o século XXI a partir do que lhe é característico: seus excessos, constrições, permissões e impulsos.

REFERÊNCIAS

AARSETH, Espen. *Cybertext: Perspectives on Ergodic Literature*. Maryland: Johns Hopkins University Press, 1997.
AIRA, César. A nova escritura. In: *Pequeno manual de procedimentos*. Curitiba: Arte e Letra, 2007.
AZEVEDO, Luciene. Romances não criativos. In: *Estudos de literatura brasileira contemporânea*, n. 50, jan./abr. 2017, p. 157-171.
_____. Tradição e apropriação: El Hacedor (de Borges), Remake de Fernández Mallo. In: AZEVEDO, Luciene; CAPAVERDE, Tatiana (orgs.). *Escrita não criativa e autoria*. São Paulo: e-galáxia, 2018.
BARBERY, Muriel. *A elegância do ouriço*. Trad. Rosa Freire D'Aguiar. São Paulo: Companhia das Letras, 2010.
BARTHES, Roland. A morte do autor. In: *O rumor da língua*. São Paulo: Brasiliense, 1998.
_____. Escrevendo a leitura. In: *O rumor da língua*. São Paulo: Brasiliense, 1998.
_____. *A câmara clara*. Lisboa: Edições 70, 2009.
_____. *Aula*. São Paulo: Cultrix, 2013.

BENJAMIN, Walter. O autor como produtor. In: *Magia e técnica, arte e política.* Vol. I. São Paulo: Brasiliense, 2012.

_____. A obra de arte na era da reprodutibilidade técnica. In: *Magia e técnica, arte e política.* Vol. I. São Paulo: Brasiliense, 2012.

BERVIN, Jen. *Nets.* Nova York: Ugly Ducking Press, 2004.

BORGES, Jorge Luis. Outras inquisições. In: *Obra completa.* Vol. II, São Paulo: Globo, 2000.

_____. *Ficções.* São Paulo: Companhia das Letras, 2007.

BÖK, Christian. *Eunoia.* Toronto, Canadá: Coach House Books, 2001.

BOSCO, Francisco. O futuro da ideia de autor. In: NOVAES, Adauto (org.). *O futuro não é mais o que era.* Rio de Janeiro: Edições Sesc, 2013.

BOURRIAUD, Nicolas. *Estética relacional.* São Paulo: Martins Fontes, 2009.

_____. *Pós-produção: como a arte reprograma o mundo contemporâneo.* São Paulo: Martins Fontes, 2009.

BROOKS, Peter. *Reading for the plot.* London/Cambridge: Harvard University Press, 1992.

BÜRGER, Peter. *Teoria da vanguarda.* São Paulo: Cosac Naify, 2012.

BURROUGHS, William; GYSIN, Brion. *The third mind.* Nova York: The Viking Press, 1978.

CABANNE, Pierre. *Marcel Duchamp: engenheiro do tempo perdido.* São Paulo: Perspectiva, 2008.

CALVINO, Italo. *Seis propostas para o próximo milênio.* São Paulo: Companhia das Letras, 1990.

CARNEIRO, Flávio. Breve passeio pelos bosques da leitura. In: *Revista Matraga,* vol. 10. Rio de Janeiro: Programa de Pós-graduação de Letras da Uerj, 1999.

_____. *Entre o cristal e a chama.* Rio de Janeiro: Eduerj, 2008.

_____. *O leitor fingido.* Rio de Janeiro: Rocco, 2010.

CHARTIER, Roger. *A aventura do livro: do leitor ao navegador.* São Paulo: Unesp/Imesp, 1999.

_____. *Os desafios da escrita.* São Paulo: Unesp, 2002.

COMPAGNON, Antoine. *O trabalho da citação.* Belo Horizonte: UFMG, 2007.

_____. *O demônio da teoria*. Belo Horizonte: UFMG, 2010.

COELHO, Frederico. *Livro ou livro-me. Os escritos babilônicos de Hélio Oiticica*. Rio de Janeiro: Eduerj, 2010.

_____. GASPAR, Mauro. *Manifesto da literatura sampler.* Disponível em: <http://www.maxwell.vrac.puc-rio.br/12382/12382_5.PDF>

COSTA, Cristiane. Por uma ideia de literatura expandida. In: *Livro-Livre*. Rio de Janeiro: Imã, 2011.

DANTO, Arthur. *A transfiguração do lugar-comum*. São Paulo: Cosac Naify, 2010.

DELEUZE, Gilles. *Conversações*. São Paulo: Editora 34, 1992.

DOMENECK, Ricardo. Christian Bok. In: *Revista Modo de Usar*, 2008. Disponível em: https://revistamododeusar.blogspot.com/2008/09/christian-bk.html

DOUBROVSKY, Serge. *Fils*. Paris: Galilée, 1977.

DUGDALE, Sasha; KAPLAN, Hilary; VILLA-FORTE, Leonardo. A small library in a poem: a conversation. In: *Modern Poetry in Translation – twisted angels*, n.1. Oxford: 2014.

DWORKIN, Craig; GOLDSMITH, Kenneth (orgs.). *Against expression: an anthology of conceptual writing*. Illinois: Northwestern University Press, 2011.

EISENSTEIN, Sergei. *A forma do filme*. Rio de Janeiro: Jorge Zahar, 2002.

EIRAS, Pedro. *Ensaio sobre os mestres*. Lisboa: Sistema Solar (Documenta), 2017.

ELLIOT, T.S. Tradição e talento individual. In: *Ensaios*. Tradução de Ivan Junqueira. São Paulo: Art Editora, 1989.

ERBER, Laura. Vírus da linguagem. In: *O Globo*. Rio de Janeiro, 16 de março de 2013. Caderno Prosa, p. 4.

FABRIS, Annateresa. Bienal. In: *Folha de São Paulo*. São Paulo, 1998. Disponível em: <http://www1.folha.uol.com.br/fsp/resenha/rs10109801.htm>.

FLUSSER, Vilém. *A escrita*. São Paulo: Annablume, 2010.

FIGUEIREDO, Vera Follain de. *Os crimes do texto: Rubem Fonseca e a ficção contemporânea*. Belo Horizonte: UFMG, 2003.

_____. *Narrativas migrantes: literatura, roteiro e cinema*. Rio de

Janeiro: Editora PUC-Rio/7Letras, 2010.
FISH, Stanley. *Is there a text in this class?* Londres: Harvard University Press, 1970.
_____. Como reconhecer um poema ao vê-lo. In: *Revista Palavra*, n. 1. Rio de Janeiro: Departamento de Letras da PUC-Rio, 1993.
FRANKEL, Roy David. *Sessão*. São Paulo: Luna Parque, 2017.
_____. Quem sou eu, o autor? – Considerações sobre autoralidade como alteridade na poesia brasileira contemporânea. In: AZEVEDO, Luciene; CAPAVERDE, Tatiana (orgs.). *Escrita não criativa e autoria*. São Paulo: e-galáxia, 2018.
FREITAS, Angélica. *Um útero é do tamanho de um punho*. São Paulo: Cosac Naify, 2012.
_____. Uma resposta apropriada para uma nova condição da escrita. In: *Bliss não tem bis*. Rio de Janeiro. 29 abr. 2014. Entrevista. Disponível em: <http://blissnaotembis.blogspot.com.br/2014/04/uma-resposta-apropriada-para-uma-nova.html>.
FOUCAULT, Michel. O que é um autor? In: *Ditos e escritos III. Estética: Literatura e pintura; música e cinema*. Rio de Janeiro: Forense Universitária, 2009, p. 264-298.
_____. *A ordem do discurso*. São Paulo: Edições Loyola, 2012.
FOER, Jonathan Safran. *Tree of Codes*. Londres: Visual Editions, 2011.
FOSTER, Hal. *O retorno do real*. São Paulo: Cosac Naify, 2014.
GANDOLFI, Leonardo; GARCIA, Marília. Sobre a dublagem de *Trânsito* (depoimento). In: AZEVEDO, Luciene; CAPAVERDE, Tatiana (orgs.). *Escrita não criativa e autoria*. São Paulo: e-galáxia, 2018.
GARCIA, Marília. *Homenagem a Ana C.* São Paulo: Blog da Companhia das Letras, 2013. Disponível em: <http://historico.blogdacompanhia.com.br/2013/12/homenagem-a-ana-c-por--marilia-garcia/>.
GIBSON, Andrew. *Towards a postmodern theory of narrative*. Edimburgo: Edinburgh University Press, 1996.
GOLDSMITH, Kenneth. *The Weather*. Los Angeles: Make Now Press, 2005.
_____. *Paragraphs on conceptual writing*. Disponível em:

<http://epc.buffalo.edu/authors/goldsmith/conceptual_paragraphs.html>.

_____. *Traffic*. Los Angeles: Make Now Press, 2007.

_____. *Sports*. Los Angeles: Make Now Press, 2008.

_____. *Uncreative Writing*. Nova York: Columbia University Press, 2011.

_____. Copiar é preciso, inventar não é preciso. In: *Revista Select*. São Paulo, 27 set. 2011.

_____. La vanguardia vive en Internet. In: *El país*. Madri, 15 fev. 2014. Entrevista.

GOUVÊA JÚNIOR, Márcio Meirelles. Ostomachion: Ausônio e a métrica dos centões latinos. In: *Periódico Scientia Traductionis*. Florianópolis: UFSC, 2011.

GUMBRECHT, Hans Ulrich. *Corpo e forma*. Rio de Janeiro: Eduerj, 1998.

_____. *Produção de presença: o que o sentido não consegue transmitir*. Rio de Janeiro: Contraponto/Editora PUC-Rio, 2010.

INGARDEN, Roman. *A obra de arte literária*. Lisboa: Fundação Calouste Gulbenkian, 1979.

ISER, Wolfgang. *O ato da leitura. Uma teoria do efeito estético*. Vol. 1. São Paulo: Editora 34, 1996.

_____. A interação do texto com o leitor. In: JAUSS, Hans Robert et al. *A literatura e o leitor: textos de estética da recepção*. Rio de Janeiro: Paz e Terra, 1979.

JAUSS, Hans Robert. *A história da literatura como provocação à teoria literária*. São Paulo: Ática, 1994.

KIBERD, Declan. Introdução. In: JOYCE, James. *Ulysses*. São Paulo: Companhia das Letras, 2012.

KLINGER, Diana. *Escritas de si, escritas do outro: o retorno do autor e a virada etnográfica*. Rio de Janeiro: 7Letras, 2007.

KOSUTH, Joseph. Art after philosophy. In: *Art after philosophy and after*. Cambridge: MIT Press, 1993.

LETHEM, Jonatham. O êxtase da influência. In: *Revista Serrote*, ed. 12. Rio de Janeiro: Instituto Moreira Salles, 2012.

LÉVY, Pierre. *O que é o virtual?* São Paulo: Editora 34, 2003.

LEWITT, Sol. *Paragraphs on conceptual art*. Nova York: ArtForum, 1967. Disponível em: <http://emerald.tufts.edu/programs/mma/fah188/sol_lewitt/paragraphs%20on%20conceptual%20art.htm>.

LIMA, Luiz Costa. *Pensando nos trópicos*. Rio de Janeiro: Rocco, 1991.

LISPECTOR, Clarice. *Perto do coração selvagem*. Rio de Janeiro: Rocco, 1998.

MALLO, Agustín Fernández. *Postpoesía – hacia un nuevo paradigma*. Barcelona: Anagrama, 2009.

MANOVICH, Lev. *The language of new media*. Cambridge, Mass.: MIT Press, 2001.

MANZONI, Filipe. Como produzir um enlatado americano: *Traffic* dublado. In: AZEVEDO, Luciene; CAPAVERDE, Tatiana (orgs.). *Escrita não criativa e autoria*. São Paulo: e-galáxia, 2018.

McLUHAN, Marshall. *Os meios de comunicação como extensão do homem*. Trad. Décio Pignatari. São Paulo: Cultrix, 1979.

MELLO, Ramon. *Poemas tirados de notícias de jornal*. Rio de Janeiro: Móbile, 2012.

NAVAS, Eduardo. *Remix theory*. Viena/Nova York: Springer, 2012.

_____. The framework of culture: remix in arts, music and literature. In: *NAVASSE*, 8 mar. 2013. Disponível em: <http://remixtheory.net/?p=651>.

PATO, Ana. *Literatura expandida – arquivo e citação na obra de Dominique Gonzalez-Foerster*. São Paulo: Edições Sesc: Associação Cultural Videobrasil, 2012.

PERLOFF, Marjorie. *O gênio não original*. Belo Horizonte: Editora UFMG, 2013.

PLACE, Vanessa; FITTERMAN, Robert. *Notes on Conceptualisms*. Nova York: Ugly Ducking Press, 2010.

PUCHEU, Alberto. *Do tempo de Drummond ao (nosso) de Leonardo Gandolfi. Da poesia, da pós-poesia e do pós-espanto*. Rio de Janeiro: Azougue Editorial, 2014.

RANCIÈRE, Jacques. *Políticas da escrita*. São Paulo: Editora 34, 1995.

_____. *A partilha do sensível*. São Paulo: Editora 34, 2005.

RIBEIRO, Gustavo Silveira. Interromper o instante, interrogar o agora: poesia, política e pensamento em Alberto Pucheu. In:

Estudos de literatura brasileira contemporânea, nº 50, jan./abr. 2017, p. 196-204.

RICOUER, Paul. *Tempo e narrativa*. São Paulo: Martins Fontes, 2011.

SANTIAGO, Silviano. *Uma literatura nos trópicos*. Rio de Janeiro: Rocco, 2000.

SCHØLLHAMMER, Karl Erik. Performance e literatura: perspectivas e contradições. In: *Literatura e criatividade*. Rio de Janeiro: 7Letras, 2012.

SHAKESPEARE, William. *Sonetos*. Trad. Jorge Wanderley. Rio de Janeiro: Civilização Brasileira, 1991.

_____. *154 sonetos*. Trad. Thereza Rocque da Motta. Rio de Janeiro: Ibis Libris, 2009.

_____. *50 sonetos*. Trad. Ivo Barroso. Rio de Janeiro: Nova Fronteira, 2015.

SHIELDS, David. *Reality hunger – a manifesto*. Londres: Vintage, 2011.

STIGGER, Verônica. *Delírio de damasco*. Florianópolis: Cultura e Barbárie, 2013.

_____. Pré-histórias: arqueologia poética do presente. In: *Z Cultural*, 2013. Disponível em: <http://revistazcultural.pacc.ufrj.br/pre-historias-uma-arqueologia-poetica-do-presente-de-veronica-stigger/>.

SCHULZ, Bruno. *Ficção completa*. São Paulo: Cosac Naify, 2012.

SCHWITTERS, Kurt. Manifesto mércio. In: *Contos mércio*. Florianópolis: Editora da UFSC, 2014.

SÜSSEKIND, Flora. Objetos verbais não identificados. In: *O Globo*, Rio de Janeiro, 21 set. 2013. Disponível em: <https://blogs.oglobo.globo.com/prosa/post/objetos-verbais-nao-identificados-um-ensaio-de-flora-sussekind-510390.html>.

VILLA-FORTE, Leonardo. *MixLit – o DJ da literatura*. 2010. Disponível em: <www.mixlit.wordpress.com>.

VIRILIO, Paul. *O espaço crítico*. São Paulo: Editora 34, 1993.

WEINER, Lawrence. *Declaration of Intent*, 1968. Disponível em: <https://www.theguardian.com/artanddesign/2009/jun/17/artist-lawrence-weiner>.

AGRADECIMENTOS

Agradeço ao Conselho Nacional de Desenvolvimento Científico e Tecnológico (CNPq), que concedeu, durante dois anos, a bolsa que se tornou fundamental para que eu pudesse concretizar a pesquisa que deu origem a este livro. Agradeço ao Departamento de Letras da Pontifícia Universidade Católica do Rio de Janeiro, pelo acolhimento e suporte ao longo do período da pesquisa. Algumas pessoas contribuíram de maneira essencial com o processo de elaboração e escrita: Vera Lúcia Follain de Figueiredo, principalmente, e Fred Coelho e Cristiane Costa. Também foram importantes os diálogos com Stefania Chiarelli, Karl Erik Schøllhammer, Rosana Kohl Bines, Júlio Diniz, Natália Francis, Luiza Miguez, Carlos Ordóñez e Nira Kaufman. Obrigado a todos, e também a Paulo Roberto Pires e Alice Sant'Anna. E, por último, aos meus editores, Felipe Gomberg, Lívia Salles e Maíra Nassif, pela aposta.

L

SOBRE O AUTOR

Leonardo Villa-Forte nasceu no Rio de Janeiro em 1985. É graduado em Psicologia pela UFRJ, com passagem pela Facultad de Filología da Universidad de Salamanca, e Doutor em Literatura, Cultura e Contemporaneidade pela PUC-Rio. Publicou artigos em revistas acadêmicas como a *FronteiraZ* e a *Scriptorium* (Brasil), a *Transas* (Argentina) e a *Poesia* (Venezuela), e colaborou com veículos como as revistas *serrote*, *Pessoa*, *Palavra* e o *Blog do IMS*. É autor dos livros de contos *O explicador*, *Agenda* e do romance *O princípio de ver histórias em todo lugar*. Alguns contos e trechos do romance foram traduzidos para publicações e sites em inglês e castelhano. Criou a série de colagens e blog *MixLit - O DJ da Literatura*, que alavancou a discussão sobre o remix na literatura no país, e o projeto de intervenção urbana *Paginário*, com mais de cinquenta murais espalhados por Brasil, Portugal e Espanha.

2ª reimpressão [abril de 2021]
1ª reimpressão [julho de 2019]
1ª edição [maio de 2019]
Esta obra foi composta em Minion para texto
e Caecilia LT Std para títulos.
Miolo impresso em papel Polén Soft 80g/m²
e capa em Cartão Supremo 250g/m².